los turistas regresan de nuevo

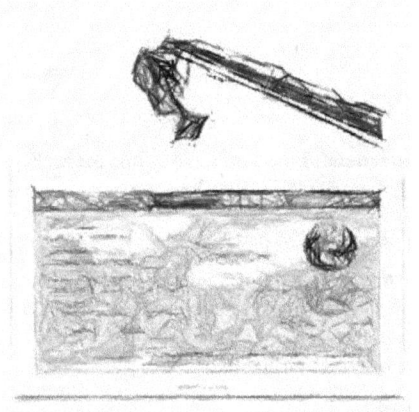

la libertad espiritual

jaime kurt

bioconciencia
espiritualidad personal

México/México

Ficha Bibliográfica.
Jaime Kurt. **Los Turistas Regresan de Nuevo.**
USA, Bioconciencia, 2014.
158 p. Primera Edición.
Peso: cerca de 220 gramos (libro físico) y cerca de 33,000 palabras escritas.

Todos los Derechos Reservados © 2012 Jaime Kurt.
All Rights Reserved © Copyright 2012 Jaime Kurt.
ISBN 978-607-95505-3-0

Editado por **bioconciencia®. bioconciencia** es una Marca Registrada.

Prohibida su reproducción total o parcial.
Ninguna parte de este libro puede ser traducido, reproducido o grabado en ningún sistema. Tampoco puede ser transmitido, copiado, fotocopiado o grabado en ninguna forma, o a través de cualquier medio digital, electrónico, mecánico, y sobre todo, sin autorización previa por escrito del editor.

Primera Edición: 2012.

Registrado en INDAUTOR Instituto Nacional del Derecho de Autor **SEP**

Contactos: www.bioconciencia.com y bioconciencia@live.com.mx

Diseño de Portada: J. Rosenfeld.
Algunas imágenes fueron inspiradas en Imágenes Cortesía de NASA.
Algunas otras cortesía de la **o**besidadespiritual ©
Un agradecimiento especial a Sandra Cruz Tovar y www.pixland.com.mx.
Asimismo a Hans Rosenfeld por su asesoría en Diseño.

Impreso en Estados Unidos de América. Printed in United States of America.

Para mi amada esposa Lulú,
con quien juntos hemos transitado
por varias estaciones en esta vida
¡con amor, fe y alegría!

índice / contenido

Anuncio Previo.   7

Secuencia Inicial: **la dieta original**   11
La Pregunta Esencial.
Menú de Dieta Vegetariana Espiritual.

Secuencia 2: áreas**espirituales y materias**   25
Estimado y diario.
Biotaller.

Secuencia 3: **la escena del jardín**   33
Hablar escuchar comer.
La sugerencia primera.   Escuchar lo inadecuado.
El aspecto negativo.

Secuencia 4: **el habla**   39
Letras y palabras.
El violín afinado.   Reparar lo pronunciado.

Secuencia 5: co**nvivencia**   57
Sabios y Pacientes.
La Organización del CHisme.   Biotaller el habla.
La clínica de impacientes.   Convivencia.

Secuencia 6: **la libertad** espiritual — 67
El pequeño secreto de la libertad.
Destino.　　　　　　　Lo Sagrado.

Secuencia 7: **los turistas regresan** de nuevo — 77
El viaje de la vida.
La Toráh y sus traducciones.
El anhelo por investigar, explorar y el análisis.
22 aproximaciones esenciales del viaje.

Secuencia 8: ***gilgul*** **la rueda** de la fortuna — 97
Más famoso: Reencarnación.
La Mujer y el Hombre.　　El proceso del Turista.
Repeticiones 10 acercamientos.　　Otra fácil oportunidad.
La Rueda.　　Angelitos y personajes.

Secuencia 9: **la melodía del viaje personal** — 123
Resonancias unas notas de la vida.
Sus armónicos.　　　　*upgrade* espiritual.
7 resonancias.　　　　¡Chispas! esencia animal.

Secuencia 10: **hacia el objetivo último** — 147
El punto luminoso personal.

Acerca del autor: — 157

los turistas regresan de nuevo

anuncio previo
antes de salir

¡Qué fortuna es leer! También qué mérito es el poder comunicar a través de estas palabras. Es todo un regalo el desear leer escribir la atracción por los libros y en especial el grandioso tema de la espiritualidad.

Cuántas cosas tuvieron que ocurrir para que estas letras alcanzaran tu vista. Por cuántas estaciones transitamos por la vida para arribar a este momento. Cada una con características, ofrecimientos e invitaciones propias.

Te invito a pasear por este escrito esencialmente espiritual. Una serie de percepciones y sugerencias personales en forma de viaje literario. Un *tour* por algunos temas esenciales como alimentación, viajes, turistas y libertad espiritual. Fortuna y destino. Una buena vida.

Este libro como su ancestro inmediato también trata de preguntas. Y lo bueno, es que también de sus repuestas, de palabras y conceptos que emanan armónicamente.

Bienvenido a bordo. Nuestro tiempo estimado de lectura es de 158 páginas. ¿A dónde vamos a arribar? A conocer más. ¿Cuál es el objetivo de estas páginas? El objetivo último. Acercarnos a descubrir cuál es el objetivo personal de qué se trata este viaje. De aligerar nuestra vida. Y para ello vamos a pasear por unas estaciones importantes: alimentación, dieta, un vistazo por el Jardín, los frutos, el habla y algunas más.

Me gusta comunicarme a través de esta literatura espiritual. Además observo que todos estamos involucrados en la escritura, las palabras y sus letras.

Son realmente vehículos de información.

¿Quién puede quedar aislado y existir en este mundo físico sin las letras y las palabras? Es severo en extremo. Cesa la comunicación de su existencia.

Lo mismo ocurre en espiritualidad ¿Quién puede quedar aislado y existir en este mundo físico sin lo espiritual y sus palabras y sus letras? Es ... no es posible. No alcanza vida. Con el peligro de transformarse en un recuerdo fósil pegado a una roca. Recuerdo rescatado por su amable amiga mineral quien declara, a los especialistas que la interrogan, sobre una existencia fantástica sin escritura ni espiritualidad.

Todos dependemos en gran proporción de las palabras y las letras. Son esenciales en lo espiritual. Todos los literatos, poetas y escritores son *kabalistas* en potencia. Son místicos espirituales libres de elegir y construir sus mundos. Con sus letras y sus palabras. Libres de viajar a través de ellos invitando en cada oportunidad a sus lectores a que los recorran. Mi respeto y aprecio por todos ellos.

¿Porqué somos libres? ¿qué es la libertad? ¿Qué tienen que ver los viajes en todo esto? Precisamente de esto tratan algunas de estas estaciones, secuencias, capítulos. Los viajes y la libertad son dos conceptos unidos, ligados, emparentados. Al igual que la alimentación y la palabra, fortuna y destino. Por eso pienso que a muchas personas nos resulta fascinante viajar para disfrutar y admirar la inmensidad del mar, voltear hacia los cielos, ver desde los aires la frontera de la tierra, aguas y cielo. Por eso creo es elevado en alto grado el transitar por un desierto y quedar simplemente en silencio ante las estrellas invernales. Todas estas admirables meditaciones se encuentran íntimamente ligadas a los viajes, la libertad y su búsqueda. Así lo creo. Además recibo, que esta búsqueda está emparentada con lo espiritual. Alimentación, el habla, la libertad y los viajes nacen de nuestro

los turistas regresan de nuevo | 9

pasado espiritual. Unión inmensa e inagotable. Este libro viaja e invita a la unificación. Y cada una de sus escalas ofrece acercarnos a cada uno de sus temas simples. El preguntar. El responder. El Comer. La dieta, la alimentación. El Hablar. El hablar adecuadamente. El poder de la palabra. La Comunicación. Y algunos no tan simples como la Reencarnación. El proceso de vidas que incluye vidas pasadas presentes y futuras.

Admito que se pueden encontrar algunos pasajes densos y no tan fáciles en su aproximación. No te preocupes si algo en ese momento obstaculiza su comprensión. Trata. Regresa. Scanea, avanza. Es simple turbulencia literaria. Te invito a continuar. El acercarnos al objetivo parte de nuestro destino es grandioso, atractivo, maravilloso.

Nuevamente quiero manifestar mi agradecimiento a mi querido Rebbe Najmán de Breslov, quien constantemente me inspira. Y en cuyo nombre intento simbolizar a escritores y maestros de quienes he recibido mi estimada porción. A mis maestros todos. He tenido la fortuna de contar con la guía de los mejores maestros de mi mundo conocido. ¡Gracias a todos ellos!

Ah! Este pasajero y ligero libro también trata de la suerte y la fortuna. De la esencia espiritual de ambas.

Este libro intenta devenir una aventura guiada a la invitación constante. Una especie de viaje literarioespiritual dentro de tu viaje espiritual en este bello mundo físico. Una gran variedad de conceptos asociados están incluidos en estas páginas. Un tema nos lleva a varios subtemas y subtemas y subtemas y (...). Como un minuto nos lleva a otro sin alarde alguno. Como una letra te lleva a la siguiente, una palabra a la más cercana, una introducción se transforma en un pasillo y éste te conduce a la puerta 9 del ofrecimiento. Parece que todo esto es una sencilla introducción continua.

Este es un libro que ama la libertad y los viajes porque es joven. Joven por su contenido, optimismo, su fuerza. ¿Qué es la juventud? Espiritualmente significa que el alma joven tiene poco tiempo. Está recién llegada a este mundo. Extraña de donde viene. Lucha por saber el porqué de su estancia con alegría, vitalidad, honestidad. Por eso anhela viajar y conocer la libertad.

También es muy antiguo por las grandes respuestas que contiene. Respuestas que han sido reveladas por cientos de años a través de generaciones.

Es un libro simple pues sencillamente invita a actuar.

Bienvenido.

Que tengas una buena estancia y travesía por estas páginas.

Que su recorrido te inspire a recordar las cosas esenciales de esta vida. Y la siguiente. Que podamos transformarlas en paz.

¡Y que todas tus estaciones las percibas con fe y alegría!

¡Una feliz y buena vida!

¡Que vivamos la **liber**tadespiritual!

Jaime Kurt
19 de Agosto del 2012.

o/la pregunta esencial

los turistas regresan de nuevo

En diversas ocasiones he escrito lo importante que es el preguntar, así como el buscar la esencia en toda nuestra actuación. Es básico en lo espiritual.

Así que me gustaría empezar el ascenso de este viaje con un simple cuestionamiento, ¿cuáles son las preguntas esenciales de la vida? ¿Cuál es la pregunta que contiene todas las preguntas? O más simple. ¿Cuál es la pregunta original?

איכה ?Dónde¿

¿Cuáles son las preguntas que deberíamos hacer para un regreso espiritual? Que nos sirva prácticamente en nuestra vida. Hay algunas sugerencias globales. Por ejemplo, en Ética de los Padres (un Libro de la Mishnáh) se sugiere que las preguntas esenciales son:

Pirkey Abot 3 v1

"...debes saber de dónde vienes, a dónde vas, y ante Quién vas a dar justificación y cuenta (de tus acciones)..."

Asimismo la respuesta es personal. Depende de cada vida, del momento individual.

Yo observo que una de las preguntas más importantes a nivel sugerencia es:

¿qué es lo espiritualmente adecuado hacer?

Para regresar espiritualmente. Para elevarme. Para mejorar mi vida. Para salir de esta escena repetitiva. ¿Qué es lo adecuado hacer para salir de mi dolor personal? Hoy, en este momento. ¿Qué hacer? Y alguien puede preguntar. ¿Acaso no es importante tener datos de tu biografía? En un nivel es importante la información de tu biografía de tu vida y tus ancestros. En otro, lo valioso es conocerte para saber de tus actuaciones. Saber qué has estado haciendo.

Sin embargo, desde un punto de vista espiritual lo simple es conocer casi con exactitud qué hacer y qué no hacer. Estas son las preguntas más importantes de toda la vida espiritual.

Espiritualmente de lo más importante de acuerdo con los 5 Libros de Moshéh es **qué hacer y no hacer**. Cabe mencionar que grandes Sabios del misticismo y renombrados Maestros espirituales han clasificado este mundo como el Mundo de la Acción. El Mundo del Hacer. Vivimos en el Mundo de la Acción, el único escenario donde podemos realizar nuestras acciones. Este es el escenario de nuestra vida.

¿Qué hacer en nuestro mundo? ¿Qué hacer en nuestra vida? Por ejemplo ¿qué comer? ¿qué no comer? Como el mundo es libre, puedes exactamente hacer casi lo que desees. O como diría un amigo algo económico: "...lo que te de la regalada gana". Claro, hay que tener cuidado con lo regalado. A veces no resulta nada barato y no es muy recomendable.

Decíamos en un libro pasado que el orden alimenticio y la espiritualidad están más unidos de lo que podemos pensar a simple vista. El hecho espiritual que *adam* comiera de un fruto no adecuado y cambiara el curso de la Humanidad entera **es un dato muy importante.** Ocurrido en la escena original de nuestro Libro Sagrado.

En la Toráh de Moshéh se encuentra información esencial. Como sabemos, los 5 Libros de Moisés son mucho más que historias, sugerencias geográficas, ecológicas, éticas. Si *adam* el hombre y su mujer **fue**ron desconectados de una realidad espiritual por el inocente acto de comer un fruto no adecuado en el tiempo no adecuado e impregnaron a todos sus descendientes de ello, entonces ¡espiritualmente es esencial el **alimentarse adecuadamente!** Y permíteme por favor el atrevimiento inocente de interpretar esta desconexión primigenia, también como una simple falta alimenticia.

los turistas regresan de nuevo | 15

Esta falta alimenticia primaria hoy es una oportunidad diaria de reparar algo y elevarse. Un auténtico regalo espiritual. ¿Qué ocurrió? ¿Por qué ocurrió?

En forma simple, lo que lleva a *adam* a romper su dieta es: no escuchar consejo, escuchar lo no adecuado, no hacer su tarea espiritual entre otras cosas. Nada más que ¡toda su tarea espiritual radicaba en esa dieta!

Tratemos de explicarlo sencillamente. ¡*Uff*! ¡Vaya tarea!

Y no vamos a empezar desde el inicio. Vamos a sobrevolar algunas escenas muy atractivas como la Creación, Eras de Hielo, Dinosaurios etc.

La Toráh es el Libro Sagrado para todos nosotros. Nosotros significa humanidad. Está claro para la llamada Civilización Occidental. Es una percepción nítida para los habitantes de habla y lectura hispana. Bueno, para ti y para mí.

La Toráh es entre otras muchas cosas una serie de sugerencias espirituales que se dirigen a cada humano, a nivel personal grupal, comunitario.

La Toráh de Moshéh se divide para su estudio en 5 Libros llamados en Español: Génesis, Éxodo, Levítico, Números y Deuteronomio.

Originalmente revelado en Hebreo nuestro Libro Sagrado contiene la esencia de toda la Sabiduría Espiritual que necesitamos paras cumplir nuestras tareas espirituales. A lo largo de 3,300 años de entregada a Moisés Moshéh ha sido traducida del Hebreo al Arameo, al Griego, Latín, Inglés, Español.

Las traducciones han sido esenciales. Traducir de un idioma a otro es interpretar. Es trasladar información de una lengua a otra. Traslado tan importante y de una magnitud tan relevante como transferir de un mundo a otro. En otro Libro Sagrado, el

Zohar, se afirma: **todo es interpretación.** Todas las traducciones de la Biblia, son interpretaciones. Todos los traductores son intérpretes. Incluso los diversos Sistemas de Pensamiento (religiones, filosofías, ideologías) son interpretaciones de la Realidad Espiritual. Y todos sus seguidores son intérpretes. Cualquier acción que hagas en esta vida es en un nivel, una interpretación de la Toráh.

Al traducir un concepto espiritual, lo que hacemos es un acercamiento a través de una interpretación. Una transferencia. Así que permíteme por favor realizar esta inocente interpretación.

adam es la humanidad entera.

El Creador forma la humanidad *adam* y le recomienda una sola tarea espiritual: no comer cierto fruto de cierto árbol. O sea, una sugerencia alimenticia, una dieta.

Insisto, tengo conciencia que la Toráh es mucho más que las historias que relata, pues encierra la Sabiduría Espiritual de todos los mundos. De acuerdo. Pero en su nivel más básico, en el relato más simple y literal ofrece también parte de la rectificación de la humanidad.

Reitero, la secuencia del fruto prohibido de la Biblia nos da un mensaje espiritual fuerte, claro, esencial.

¿Cuál es la tarea espiritual sugerida a *adam*, la humanidad entera en esta secuencia del Jardín? Importante mencionar que la humanidad hoy significa alrededor de 7 mil millones de *fragmentos* de almas. En la secuencia del Jardín toda la Humanidad la forma únicamente *adam* Adán en Español.

La tarea espiritual es comer de todo árbol y no comer del árbol del conocimiento del bien y el mal. Tarea que es respetada por un tiempo. En términos simples casi inocentes en un nivel toda la tarea de la humanidad es una dieta, una alimentación adecuada.

los turistas regresan de nuevo | 17

La sugerencia espiritual alimenticia se localiza en Génesis secuencia 2 versos 16 y 17:

Génesis 2

v16
el Nombre/Elokim le sugirió/ordenó al hombre diciendo: de todo árbol del jardín podrás comer libremente
v17
pero del árbol del conocimiento del bien y del mal no podrás comer...

¿Qué significa a nivel simple el que *adam* después de un tiempo no siguiera la sugerencia espiritual del fruto?

Antes de intentar acercarnos a una respuesta, una anotación.

Cuando se habla de *adam*, a veces se percibe como una entidad espiritual alejada en tiempo y espacio. A veces se percibe como si estuvieran hablando de un vecino, de un familiar lejano, y en algunas ocasiones como si hubiera sido formado en un acto distante a nosotros. Esto es muy frecuente en espiritualidad.

Cuando un texto espiritual habla de un consejo a veces los lectores la percibimos como muy adecuada para alguien de enfrente pero no para nosotros. Es frecuente en espiritualidad.

Y es simpático observar también, que al hablar de alguna receta material muy provechosa, a veces la percibimos como que ésta está dedicada a nosotros, y no para nadie más. Común también.

Claro, depende del lector, su percepción y nivel espiritual.

Cuando se habla de la formación de *adam* está refiriéndose a la humanidad formada espiritualmente. En la secuencia del Jardín es un humano. En la siguiente secuencia son dos humanos: un terrestre una terrestre. Hoy la humanidad la formamos alrededor de 7 mil millones de humanos.

la dieta original

En la secuencia del Jardín y del fruto, *adam* tenía una simple y básica tarea espiritual. Una sola sugerencia espiritual. Claro, ¡del tamaño de su alma!

Hoy la humanidad formada por ti, por mí, el vecino, el de enfrente, tenemos una serie de tareas espirituales pendientes. Algunas personales particulares, algunas globales. Por supuesto, es una interpretación sencilla, simple y respetuosa.

Parte de nuestra tarea espiritual es llevar una alimentación espiritual adecuada. Adecuada a nosotros mismos. Una dieta espiritual, un orden alimenticio básico. Pero retomemos el tema de estas páginas.

He escuchado de personas muy enteradas lectores asiduos de estudios diversos incluso algunos religiosos confesos la sugerencia de observar nuestro Libro Sagrado como una mera recopilación de cuentos e historias sagradas. Les respeto su opinión pues en parte tienen razón. Es más, estoy parcialmente de acuerdo.

En todo cuento, el contenido mostrado a primera vista en sus simples letras y relatos, siempre es inferior al contenido esencialmente espiritual. Estos relatos llevan al lector y sus escuchas por caminos y enseñanzas extraordinarias con un grado eficaz de entendimiento y comprensión. Algún sabio literato expresó que todo buen cuento enseña algo valioso. Por favor buscar cita.

Algo similar ocurre en Espiritualidad. Cuando algunas personas afirman que los 5 Libros de Moshéh son una serie de cuentos, en parte están diciendo una verdad. Cuando alguien más atrevido exclama que ¡la Biblia es un simple relato! está diciendo parcialmente, una porción de la realidad espiritual. Y no es reiteración, es un acercamiento aritmético. Pues los relatos sagrados de la Toráh son entre muchas otras cosas historias, relatos y más.

los turistas regresan de nuevo | 19

Parte de ella es entregada a nosotros en forma literaria de historias relatos cuentos porque la forma de comunicar algo escrito es a través de la literatura. Parece como de pre-primaria esta aseveración pero contiene algo más.

La sugerencia de estas líneas es simple: la Sabiduría es lo espiritual, la esencia de lo espiritual está en la Toráh, y la Toráh es a primera vista una serie de historias **y más**. Lo grandioso, fabuloso, impresionante, maravilloso y a veces estremecedor está en: **y más**. Que unas personas crean, deseen y se acerquen al relato literario (como cerco personal) merece todo nuestro respeto. (...esto del cuento ya no va a continuar).

Es tan fuerte la esencia espiritual de nuestro Libro Sagrado que hasta de una lectura simple y literal nos puede ayudar a cambiar nuestro pensamiento, nuestras acciones, nuestra observación del mundo. Retorno al tema.

La sugerencia es, si la humanidad falló fallamos en el intento de continuar una alimentación adecuada, la tarea es regresar a alimentarse adecuadamente.

Muy simple.

Y tal vez pienses ¿y cómo como adecuadamente?

Depende de tu biografía espiritual. Importa saber quiénes son tus ancestros espirituales para saber qué alimentos tomar o no tomar. ¿Tienes acceso a ese conocimiento? ¿Los recuerdas?

solo para jardineros
y guardianes del árbol genealógico

En promedio no lo sabemos. Podemos saber quién es nuestro papá en la mayoría de los casos. Tal vez nuestro abuelo. Quizás, nuestro bisabuelo o sea nuestro abuelo 2. Muy pocos sabemos algo de la vida de nuestro tatarabuelo o el abuelo 3. O del chozno o el abuelo 4. Los especialistas en genealogía parece que de aquí en adelante utilizan abuelo 5, abuelo 6, 7 y así por el estilo. En lo personal me gusta referirlos como papá 2, papá 3, 4 (…).

Cuando hablo sobre Historia Espiritual, me gusta mucho invitar al público a realizar un viaje por el tiempo histórico. Un tipo de regresión histórica espiritual. Les pregunto ¿dónde estaban sus ancestros hace 72 años? Es decir ¿dónde estaba su papá 3 o sea el famoso bisabuelo?

Luego les sigo preguntando: ¿dónde estaban sus ancestros hace cerca de 150 años? ¿ … y hace cerca de 500 años? ¿ … y hace cerca de 1000 años? Es decir el papá 6, papá 19, papá 38. Y así hasta llegar al lugar y fecha deseados según la plática o seminario.

Al principio no es tan sencillo pero sirviéndonos de algunos datos se facilita en gran medida. Simples encabezados históricos de la época nos transportan a la fecha deseada.

Esta regresión histórica espiritual es de gran ayuda personal. Basta escribir aquí que nuestra biografía no solamente empieza en la fecha de cumpleaños ni 9 meses atrás. Empieza hace miles de años. Pero como apenas estamos retomando el tema de los alimentos y las dietas, es mejor regresar. Además otra manera de conocer nuestros ancestros es saber más de *adam, noaj, abraham*.

La respuesta a ¿cuál dieta seguir? es: trata de hacer una dieta espiritual. Come lo que es humana y espiritualmente debido. Un alimento no adecuado daña. Ahora bien, ya que algunos amigos han insistido, te comparto una sugerencia importante.

sugerencia de dieta global

La dieta espiritual en cuestión es una tipo "vegetariano", rica en frutas y verduras. Tal vez con pescado. Sin moluscos, crustáceos, ni invertebrados marinos. Es decir, solo peces. **No carne roja, no pollo.** ¡Obvia y absolutamente nada de insectos!

Para *diestistas* avanzados, sabrán que también lo recomendable

los turistas regresan de nuevo

es lo más apegado a una dieta *crudívora*. Es decir, una dieta abundante en alimentos crudos. Y aquí es donde las frutas y verduras son lo más adecuado a consumir. El éxito para seguir un vegetarianismo es suplir adecuadamente las proteínas animales que tu cuerpo está acostumbrado a recibir.

¿Por qué y cómo lograr una dieta vegetariana espiritual? Llevarla por que alguna persona a quien admiras y respetas lo hace, está bien. Es buen empiezo.

Llevar una dieta tipo vegetariano por brindarle misericordia a algunos seres vivos, como por ejemplo a ciertos animales, también es plausible. Sobre todo por el hecho que en la vida práctica, tu cuerpo no va a recibir el *input*, el ingreso de esa carne.

Siento que no es propio profundizar demasiado en el aspecto de seres "vivos" porque es un gran tema. Basta recordar que en espiritualidad todo ser vivo su existencia la debe a su conexión con su alma, esa parte divina que lo hace experimentar esta vida física. Todo cuerpo o recipiente necesita ese destello espiritual llamado chispa divina o *spark* en Inglés. Si no sería un tipo de *zombie*, un cuerpo sin alma. En este libro puedo afirmar que todo en la Creación está dotado de ese *spark*. Todo. En los 4 Mundos: Mineral, Vegetal, Animal y Humano/Hablante. Aunque suene reiterativo vale la pena escribir que los "cuerpos" están vivos gracias a su alma y que evidentemente el humano/hablante tiene alma, los animales tienen esos *sparks* divinos, las plantas tienen *sparks* y los minerales también. Incluida la sal que tienes en tu mesa y los diamantes mostrados en algunos aparadores.

Bueno, no deseaba profundizar tanto, pero de eso trata la **bioconciencia** es decir, la conciencia de la vida.

Retornemos.

La esencia de una dieta espiritual reposa en la conciencia con que la realizamos. La idea es llevar una dieta espiritual para obtener

la dieta original

fuerza espiritual. Vitalidad que nos ayuda a estudiar y vivir mejor. Estudiar para aprender a comer y comer espiritualmente para estudiar.

sugerencia de dieta
menú

En la práctica una dieta vegetariana espiritual sencillamente es no comer carne roja ni blanca de aves.

La sugerencia es comer pescado.

Pan.

Frutas. Abundante agua. Máximo 8 vasos medianos.

Verduras. Ensaladas. Soya.

Suplementos alimenticios como alga spirulina.

Algunos quesos. Huevos de gallina.

Tratar de comer postres naturales (frutas). En algunas ocasiones evidentemente algunos pastelillos y ¡donas cubiertas de chocolate!

Porciones pequeñas. 120 gramos de pescado, 1 fruta, 3 tortillas medianas o 1 pieza de pan de caja. Cualquier duda elige por favor 1 ración mediana. 3 o 4 sesiones al día. Es recomendable comer pausado, disfrutando los alimentos. Con alegría. Sobretodo agradeciendo por tan milagroso y simple acto. ¡Esto libera *sparks*!

Empezar a las 6-7 de la mañana. Cenar cerca de las 9-10 de la noche. Dormir bien. Realizar algún tipo de ejercicio físico, por ejemplo una caminata de 30 minutos.

Tal vez al principio el cuerpo pida un riquísimo *Prime Rib* "ligero" de 350 gramos. Se fuerte. Asesórate. Pide ayuda al Creador. Si deseas lo vas a lograr. Los obstáculos más fuertes están en tu mente. En tu biografía. O lo que sabes de ella.

Cuando lo logres después de un tiempo te vas a sentir mejor, vas a pensar mejor, leer mejor. Vas a poder orar en otra frecuencia.

los turistas regresan de nuevo | 23

Tu comunicación espiritual será más elevada. Ahora bien, estoy mencionando este tipo de dieta porque muchos lectores deseaban una. Sin embargo, recuerdo que ¡el mundo es libre! ¡Gracias a Dios! y puedes encontrar una dieta espiritual apta para ti y tu biografía. Además, insisto en lo valioso y siempre recomendable que son el consejo y la asesoría de un honesto experto en dietas y nutrición. Esta sugerencia de dieta es global, abierta. Asimismo es personal, es la que llevo y ampliamente recomiendo. ¿De dónde la obtengo? De la Toráh de Moshéh. *adam* tenía la sugerencia alimenticia de una dieta tipo vegetariano. Otros seres posteriores, papás de todos nosotros, por ejemplo *noaj* Noé ya llevó una dieta que incluía carne, pero con un ritual de faenado escribamos "sacrificio" diferente y más elevado. Basta decir aquí que una dieta espiritual simple y recomendable es el menú anterior.

adam y *noaj* se escriben en Hebreo

אדם ←

el Hebreo se lee de derecha a izquierda

fonética→ *adam*

Adán

נח ←

→ *noaj*

Noé

La espiritualidad, el tratar de llevar una vida espiritual consta de materias básicas esenciales. Una de ellas es la alimentación parte de la acción espiritual. Intenta llevar una dieta espiritual, es materia elemental. Te va ayudar a vivir más ligero. Claro, si por alguna razón no la puedes seguir, pasa a otra materia de la lista y trabaja en ella. ¡Ah! no hemos entrado al tema de las áreas, materias y listas, el cual nos ayuda a monitorear nuestras acciones, logros y rasgos a pulir. Un tema esencial para saber hacia dónde vamos. Pero esto, amerita todo una secuencia.

áreas espirituales y materias

bioconciencia

secuencia 2

o/biotaller estimado y diario **diario**

áreas espirituales y materias

los turistas regresan de nuevo | 27

Vamos a entrar a una serie de sugerencias prácticas para acercarnos un poco más a una vida espiritual. Acercarnos, abordar, elevar nuestra percepción, retomar, reiniciar, regresar, tener acceso a una conciencia más amplia. Acercarnos un poco más a lo espiritual es lo que buscamos casi todos.

Como lo he comentado a varios amigos en diferentes pláticas, cada persona tiene un acercamiento personal a sus tareas espirituales. Sin embargo muchos de ellos realizan simplemente una sencilla y popular pregunta: ¿pero cómo puedo acercarme aún más? Tengo este dato en mi biografía ¿qué hago para aligerarlo? ¿cómo saber más de lo espiritual? Y lo que he sugerido es lo siguiente.

Hay varias formas de reiniciar un regreso espiritual. Una plática, un texto, una simple canción pueden ser los señalamientos del regreso. En **bioconciencia** la práctica es más simple que la teoría. Desde mi experiencia personal he recibido que lo espiritual tiene 3 grandes áreas de acercamiento. A la manera de un Plan de Estudios Personal para reconectarse a una vida espiritual. **Tres grandes áreas de acción espiritual.** Esto es algo muy nuevo en espiritualidad. Y lo más antiguo también.

Es muy fácil, las 3 áreas son:

oración, donación, acción.

Es todo el **Plan** de Estudios **Personal.** Inspirado en lo que se implora el Día del Perdón. **Es muy sencillo.**

oración donación acción

¡Es simple! Pero llevarlo a cabo no lo es tanto. Además requiere de un poco de explicación.

◻ La **oración** comprende: meditación y oración como está descrito en el libro la **obesidad** espiritual.

áreas espirituales y materias

Claro, no se trata solamente de orar y meditar, sino de utilizar además la inteligencia al máximo, el conocimiento, toda la información disponible. Y después ... ¡actuar!

◘ La **donación** es simplemente la caridad el dinero, el tiempo, la ayuda que brindas a los demás **a tus prójimos**.

◘ La **acción** es sencillamente el estudio de textos sagrados y el nivel de transformación personal rasgos negativos a transformar.

Todas tus tareas espirituales pendientes gravitan y se logran "pasar" transferir/transformar con estas 3 áreas de acción **espiritual**. Todo nuestro mundo se puede reparar con estas 3 simples sugerencias esenciales.

oración donación acción
◘ ◘
◘

Empezando con el mundo personal. Toda la observación del mundo físico nace de tu mundo personal. Por supuesto necesitamos explicar aún más y enfocarnos en los temas centrales de este libro.

Dentro de la esfera de la acción, están los hábitos alimenticios, la dieta por ejemplo, materia básica de las 3 áreas esenciales.

la vida también es diaria

Asimismo, dentro del área de la acción está la invitación a **monitorear** analizar **nuestras acciones.** Este monitoreo se facilita con la siguiente sugerencia.

Se trata de un ejercicio eficaz. Un monitoreo que ayuda a cambiar hábitos, a percibir nuestras tareas pendientes, ayuda a realizarlas, eleva nuestra percepción espiritual. Es asimismo una especie de diario auto-actualizable, en constante escritura y borrado. **Le voy a llamar nuestro diario de las 3 columnas.**

los turistas regresan de nuevo

diario de las 3 columnas
auto monitoreo

En forma simple este diario es un listado de nuestras tareas las realizadas y las pendientes.

Toma un papel y un lápiz algo que pueda borrarse con facilidad. O bien, abre un archivo en tu computadora. Siéntate cómodamente, detén tus actividades diarias, ponlas en pausa. Vas a titular la hoja a tu gusto. Dos sugerencias son:

la vida nueva de (tu nombre)

ó

(tu nombre) y (el año en curso).

Del lado derecho vas a escribir todos los elementos de tu vida de los cuales estás satisfecho, contento, agradecido. Podemos llamarlos aspectos positivos, luminosos, de la columna derecha.

La columna de la derecha también la podemos nombrar como bendiciones. Tal vez hayas escuchado alguna vez una idea espiritual en forma de frase, moraleja o canción la cual dice: cuenta tus bendiciones. Bueno, ¡hay que contarlas! Es muy bueno hacerlo.

Del lado izquierdo vas a escribir aquellas cosas con las cuales no estás a gusto, rasgos negativos de personalidad, cosas a transformar, hábitos no deseados o bien hábitos que ya te perjudican.

Puedes incluir en esta columna aquellos planes en proceso de realización. A todos estos elementos podemos llamarles aspectos de la columna izquierda.

En un inicio, después de la primera sesión, este diario quedaría parecido a:

jaime 2012

estar vivo
poder respirar
poder tomar agua cuando tengo sed
tomar un baño en las mañanas
estar escribiendo esta página

escribir 3 páginas más
bajar 400 gramos
hablarle por teléfono a tal familiar/ amigo
visitar a ... quien está enfermo

Es muy sencillo. Se trata de leerlo y redactarlo 6 días a la semana. Sentarse. Pensar, reflexionar, pedir ayuda.

Actualizar el diario tanto como sea posible. Observarlo y reescribirlo continuamente.

He leído que a algunos pacientes en estado terminal les preguntan en encuesta (como información de ayuda a otros seres humanos) cuáles son las cosas de su vida que les gustaría haber hecho y cuáles son las cosas más valiosas que realizaron. Se han escrito numerosas páginas de acciones espirituales muy elevadas y un listado largo también de frustraciones y aspiraciones quebradas por el tiempo. El tiempo personal del paciente.

Este diario biográfico espiritual es algo parecido pero con grandes posibilidades de realización puesto que diario vas a trabajar por ello. Con la ayuda del Creador, con algo de conocimiento espiritual y tu trabajo personal, lo puedes lograr.

Este diario hay que actualizarlo de preferencia diario. Lógico.

La sugerencia es observar la columna derecha y agregar más percepciones positivas. Engrandecer la lista.

Revisar la columna de la izquierda y agregar más rasgos a pulir. Engrosarla y adelgazarla. Ubicar esos hábitos que nos molestan e interrumpen nuestro camino espiritual. O sea esos gramos espirituales de más, esas tareas pendientes. Vamos a apuntar rasgos y aspectos hasta el momento que al observar el diario podamos vernos honestamente reflejados. Sinceramente descritos con la información que tenemos de nosotros hasta el día de hoy. **Una vez que podamos afirmar que ese diario nos refleja de manera simple, positiva, equilibrada, vamos a elegir un rasgo pequeño** que representa unos gramos grasa espirituales de más **y vamos a tratar de trabajarlo por unos días o tal vez unas semanas.** Trabajar significa tratar de reducirlos, transformarlos a bien, o eliminar algunos.

Vamos a empezar a trabajar los rasgos pequeños. Fáciles de transformar. Claro, fáciles son aquellos que tu decidas que son fáciles a transformar. Realmente no hay un rasgo negativo que pueda etiquetarse como fácil para todos. Solo la persona en su individualidad conoce su dolor y aquellos rasgos y datos biográficos "más" simples que otros. Molestarse en una fila por que el cajero se tardó tantos minutos puede ser una reacción y rasgo a matizar para unos, mientras para otros no (son un poco más pacientes).

Supongamos que en tu columna izquierda está escrito un hábito negativo. Obsérvalo, trata de disminuirlo cada día hasta que desaparezca. No hay tareas fáciles, recuerda. Se necesita esfuerzo y trabajo diario.

Trata de revisar, re-escribir y pasar conceptos de una columna a otra. De la izquierda a la derecha. Asimismo puedes usarla para monitorear peso, medidas, ahorros.

Funciona.

Sencillamente funciona. Depende de tu trabajo y dedicación.

áreas espirituales y materias

Algunos rasgos necesitan más tiempo, tal vez meses, años. No te alteres. Más vale empezar hoy. Vale la pena. Estás tratando de escribir la biografía de uno de los personajes más importantes de tu vida. Tú. Además se trata de mejorarla. Pulirla.

¿Por qué se llama el diario de las 3 columnas?

Porque la tercera columna es tu pensamiento, tu conocimiento, tu mente en estado de claridad. También tus apuntes y anotaciones personales. La percepción del trabajo que estás realizando. La percepción de tu vida y de la co-creación de tu guión de la vida práctica.

En la tercera columna está tu biografía en posibilidad. Con una pregunta que se asoma diario ¿qué deseas hacer?

Esto es excelente.

Da magníficos resultados.

Tenlo en mente por favor.

Trata de revisar 6 veces por semana este diario. Trata de estar contento. Y por supuesto trabaja en la tarea espiritual pendiente.

¡Fe y alegría!

oración   donación   acción

la escena del jardín

bioconciencia

secuencia 3

o/ hablar escuchar comer

la escena del jardín

Me gustaría recordar la forma en que hemos estado escribiendo esta serie de percepciones. El estilo está relacionado con un lenguaje usado en el medio de la televisión. Así que usamos elementos como: producción, escenas, directores, productor, actuación, actores, ensayos, etcétera. **La semilla del estilo reposa en que** desde esta perspectiva **nuestra vida** también **se asemeja en gran manera a una actuación que debemos ensayar, pulir, perfeccionar hasta que la de hoy sea presentada de la mejor manera posible.** Se trata de ofrecer hoy nuestra mejor actuación. Como la de un turista que se esfuerza por comentar lo mejor, hablar lo adecuado, comer lo que necesita comer, sublimando su actuación a cada momento.

Esencial recordar que el Creador formó a la humanidad, al humano, como un intérprete espiritual. Desde lo espiritual la idea es que **somos actores humanos**. Actores humanos con una serie de sugerencias espirituales y físicas. El Creador (el Formador de todo *y más*) no forma un ser humano para que se pregunte quién es y viva en un jardín de reflexión. Sino forma un actor humano con una serie de tareas por hacer. Un actor humano con un guión espiritual claro, preciso que incluye libertad para interpretar e improvisar. Claro, la improvisación requiere estudio, análisis y práctica.

Unos de los temas esenciales en esta serie de percepciones personales para observar una vida más ligera es la alimentación. El orden alimenticio seguir una dieta **es parte esencial de nuestra vida** espiritual.

Ya escribimos que no es gratuito que la transgresión de *adam* esté conectada a la alimentación. Si revisamos la Escena del Jardín, donde ocurre toda esta desconexión espiritual que cambia el **curso** espiritual **de la humanidad** y manifiesta el nuevo escenario de la libertad, **vamos a observar unas claves vitales.** Estudiemos un poco de Historia Espiritual.

la escena del jardín

adam tenía la sugerencia de no comer un fruto de cierto árbol. La historia todos la sabemos y recordamos que después de un tiempo de escucharla efectivamente:

"… y también él lo comió…"

La transgresión, o la desconexión espiritual de *adam*, consiste en no seguir la sugerencia primera, que en nivel simple y literal es no comer cierto fruto de cierto árbol en cierto tiempo:

Génesis 2

v16
el Nombre/Elokim le sugirió/ordenó al hombre diciendo: de todo árbol del jardín podrás comer libremente
v17
pero del árbol del conocimiento del bien y del mal no podrás comer…

Todavía no aparece la mujer del hombre en nivel físico. Después de esta sugerencia están escritas 800 letras hebreas donde el proceso continua y la ordenanza es respetada.

Y llegamos a la escena estudiar. La secuencia detonante que lleva a que *adam* salga de su estado.

La serpiente convence a la mujer mediante engaños y la mujer confusa le da a comer el fruto al hombre. Una de las causas de que *adam* se salga de la sugerencia primera es: la habladuría y el engaño. El engaño, la trampa y la confusión tienen la misma esencia y preparación. Sus ingredientes principales son la mentira y la duda. Y la mentira está conformada por algunas gotas de Verdad y todo lo demás por habladuría, añadidos, levadura. Algunos entendidos en el tema señalan que la composición de la mentira es Verdad al .01%.

Dicen los Sabios: la mentira vive de la Verdad. La oscuridad

los turistas regresan de nuevo

depende de la Luz. La serpiente, símbolo del aspecto negativo el informante malo ofrece su versión de la realidad a la mujer alma gemela y aspecto femenino del hombre. Solamente la ofrece y sugiere. Como suele actuar el informante malo. Le dice una parte pequeña de la Verdad y habla mal, inadecuadamente de la Realidad Espiritual, de la sugerencia primera. En estado de confusión la mujer habla mal también, pronuncia palabras inadecuadas de la sugerencia primera. Entonces ocurre lo que sabemos:

"…y el también comió…".

Y desde esta perspectiva espiritual es en parte por lo que estamos aquí en este mundo físico. Viviendo la libertad. Tratando de reparar lo que hicieron nuestros ancestros. O más fácil, tratando de arreglar lo de hoy.

esencia de la escena

Al repasar la Escena del Jardín, recordamos que el hombre y su mujer sencillamente dejaron de respetar la sugerencia primera.

¿Por qué después de un tiempo *adam* come del fruto no adecuado? Porque así está previsto, así lo quiere y porque se lo da su mujer. Además, es lo mejor para la humanidad.

¿Y por qué se lo da ella? Porque ella está convencida que es lo adecuado y que no va a pasar nada supongo.

¿Cómo llega ella a suponer que no hay problema del comer de ese fruto? Porque la convencen, la engañan.

¿Cómo la engañan? Confundiéndola. Metiéndola en un estado de confusión. Con mentiras, trampas, habladuría.

¿Por qué hombre y mujer no siguieron más? No continuaron. En terreno simple, por manifestar la libertad, por co-crear un escenario de libertad donde podemos actuar y elegir lo correcto.

¿Y ya libres por qué eligieron lo incorrecto? por no desear

la escena del jardín

escuchar al Creador, no escuchar consejo, escuchar lo no adecuado, hablar de más, aceptar un consejo inadecuado = no seguir más = romper con la dieta. **La fuente** de no seguirla: el aspecto negativo actuado por la serpiente. El aspecto negativo, habló erróneamente de una "sugerencia", transformó a mal la tarea primera y se la ofreció a la mujer. Ya confusa la mujer agregó otra tarea no tocar y se lo ofreció al hombre. Gracias al Creador la historia continúa ¡y henos aquí! escribiendo y leyendo Historia Espiritual. Tratando de hacer nuestras tareas más simples. Tratando de comer mejor. Intentando regresar.

¿Acaso no es maravillosa hoy esta posibilidad? Yo digo con mucha alegría que sí. ¡Somos muy afortunados! Hay que tratar de comer mejor, hablar mejor.

secuencia 4

o/ letras y palabras

40 | el habla

los turistas regresan de nuevo | 41

Si la alimentación es una materia básica de la acción espiritual, el hablar en forma adecuada es igualmente esencial. Dicho sea en otra versión. El hablar mal, erróneamente, digamos simplemente la habladuría, es tan dañina espiritualmente como el tener como dieta diaria un vaso de alcohol en ayunas, jugo de cenizas de cigarro a media mañana, un cadáver putrefacto a media tarde, y antes de acostarse una cucharada sopera de aceite 4 veces frito. Tremendo. Es algo tremendo. ¿Exageré? Está bien, trataré de matizarlo. Disculpas si lo percibiste exagerado. Comer y hablar inadecuadamente hacen un gran daño espiritual.

La habladuría tiene varios nombres artísticos: calumnia, chisme, hablar mal de las personas, burla, crítica negativa, etcétera. Y por supuesto tiene varios buenos disfraces como: critica en buena onda, envidia de la buena, parte de mi trabajo yo no lo estoy diciendo, no es de mi familia (…).

Desde el punto de vista espiritual la habladuría causa mucho daño y es una de las fuentes principales de sobrepeso espiritual. Si hay una tarea espiritual pendiente además del comer adecuadamente es reducir al cero posible la habladuría. El hablar mal de las personas de sus familias, de sus comunidades, es una negatividad extraordinariamente fuerte. Es una de las negatividades más populares y de las más antiguas. Y como lo afirma la Biblia, es anterior al comer erróneamente ya que la habladuría es causa del comer inadecuado.

Insisto en que lo ocurrido en el Jardín está relacionado con un concepto que involucra acciones como: salirse de la sugerencia, no seguirla, apartarse del guión original. Es estar en un ensayo y repetir la escena por causa de un desapego a la idea del escritor y/o productor. La vida espiritual en este mundo físico se parece más a un ensayo que a un debut. Con un pequeño agregado y como diría un gran productor de televisión: "… los ensayos, hay que tomarlos en serio".

el habla

Claro, a veces la vida toma la presión de un debut, con una severidad interna y externa impresionante. Uno cree que todo el mundo lo está observando, pendiente de nuestros parlamentos y movimientos de nuestro conducir, es decir, nuestra actuación. Es aconsejable disminuir en ego.potencia esta percepción.

Hay otros momentos en la vida en que fluye todo bien, el guión está aprendido, ensayado, trabajado. Como si lleváramos 100 funciones seguidas y observáramos que todos nuestros compañeros hacen excelente su trabajo. Cada quien en su posición. Los respetamos y les mostramos nuestro afecto. Hay respeto por el público. Agradecimiento por su asistencia. A veces hasta aplauden ciertas escenas. Todos parecen estar contentos. Nosotros solo hacemos lo que hay que hacer. ¡Uno no desea abandonar esta producción! Es un excelente equipo de trabajo, de convivencia, de respeto mutuo. Es la escena que le pedimos al Creador no dejar ¡por favor!

Pero este estado muy cómodo tiene sus peligros globales y personales. Unas tareas las realizamos muy bien, pero siempre existen algunas tareas pendientes. A veces la comodidad hace que olvidemos lo que hay que hacer esencialmente. Como dicen algunos maestros músicos, "...la vida es como un violín". El violín debe ser afinado y tocado constantemente. Si las cuerdas se aflojan demasiado no suenan, y si se estiran con severidad extrema se rompen. Tienen que estar afinadas a cierta frecuencia. Tocarlas con alegría y sensibilidad para que mantengan su afinación. Mientras el violín se toque de manera adecuada, en la frecuencia adecuada, con la melodía adecuada, sus notas resuenan en un gran espacio espiritual y si Dios quiere trae gran beneficio a intérprete y público. Se unifican. Si la temperatura baja el violín se desafina baja de tono. Si hace calor sube de tono. Es más, el solo hecho de no tocarlo hace que sus cuerdas se desajusten. El maestro músico tendrá que afinarlo en cada sesión, antes de cada partitura. Me imagino que el violín se alegra cuando está en ese estado "vivo" por decirlo de alguna manera.

Asimismo, cuando uno está en una producción de tipo cómodo, estable, uno no desearía abandonarla. Pero no es posible. Hay otras escenas a pulir afinar otras tareas pendientes. Y en casos extremos tareas que estaban solucionadas y por descuido y dejadez ahora se presentan de forma más estricta.

La habladuría y su obra más preciada la mentira, "ayudan" de forma importante a destruir lo construido. A corroer las producciones más estables, las escenas mejor ensayadas, a transformar en dolor la experiencia de cumplir simplemente una tarea que aparentemente se encuentra fácilmente realizada.

La corrupción por ejemplo es un tipo de mentira. Es una verdad dañada. La habladuría es el hablar corrupto.

Y otra vez un descubrimiento de primaria: la corrupción corrompe. Créanlo por favor. La corrupción nace de una mentira y ambas son una forma de habladuría. La corrupción es la acción física y su esencia espiritual es la mentira, el engaño el daño de la verdad. Sin sobresaltos, una tarea pendiente es evitar igualmente la corrupción. A cero posible. Se puede evitar desde la eliminación de la mentira y la habladuría.

"¿Daño a quien si yo nada más estoy haciendo mi trabajo?", diría la serpiente entrevistada o el informante malo que es lo mismo. De acuerdo, entonces ¿quién debe arreglar lo desarreglado por una calumnia? Quien lo hizo. Quien interpretó la acción principalmente. El daño alertan los Sabios afecta a los 3 actores principales de cualquier calumnia simple: a quien la dice, a quien la escucha y a quien va dirigida esa habladuría. Sin embargo quien debe reparar principalmente es quien participó, quien ejecutó, quien habló.

lo poderoso del habla

La habladuría es una de las causas principales del peso extra espiritual de mi mundo conocido. De la esencia del exceso gramos grasa de más, la obesidadespiritual.

Y por si fuera poco es una negatividad cuya acumulación no tiene una manifestación física inmediata y por tal motivo la hace aún más de cuidado. Su daño es silencioso aunque suene a un adorno literario y altamente destructor.

Grandes maestros espirituales han alertado sobre su efecto negativo.

El habla es el medio con el cual escribimos nuestra historia espiritual. Cuidado. La escribimos sobre nosotros de forma espiritual, en estado de preparación, después se facilita el actuarla, llevarla al escenario físico. Cuidado. Primero la platicamos luego es fácil actuarla. El habla es como escribir oralmente nuestro guión.

Con un agregado urgente. El hablar mal de los demás es degradar a la persona. Degradar es una alta desconexión espiritual. Es todo lo contrario a la sugerencia esencial de nuestro Libro Sagrado: **yama alprójimotuyo comoatímismo**. Como lo es también burlarse de una persona. Burlarse de sus características, de su esencia y en plano extremo, hasta de sus rasgos positivos.

La idea es cuidar en extremo la degradación, la burla, el hacer sentir mal a los demás. La sugerencia es simplemente la esencia de todas las enseñanzas espirituales: **yama alprójimotuyo comoatímismo**. Aquí radica una gran parte de nuestro aprendizaje y trabajo espiritual. También es un acercamiento a nuestro estado actual. La calificación de nuestro estado es sencillamente el trato que le damos a otro ser humano. A nuestros prójimos. Incluyendo el prójimo más cercano: nosotros mismos. No es aconsejable en absoluto hablar mal de uno mismo, mal

los turistas regresan de nuevo | 45

del vecino, mal de la comunidad. Podríamos caer al pantano de la queja. Lugar donde se dificulta aún más la realización de nuestras tareas espirituales pendientes.

la escena del jardín
toma el fruto
versión .0000000003

Si estudiamos a cierto nivel como se desarrolla la secuencia de la Escena del Jardín, nos daremos cuenta que la forma de operar de la negatividad es similar en todas sus apariciones. Vamos a tratar de simplificar tanto como sea posible.

La mentira se alimenta de la verdad y genera confusión. Es decir la mentira vive de la Verdad, y para manifestarse tiene que contener al menos el .01% digamos.

Hay un eje que delinea bien el proceso de la corrupción y la habladuría, o sea la corrupción de la Verdad. Este proceso espiritual lo conocemos pues está en la Escena del Jardín.

Observemos.

Está la Verdad la sugerencia de comer y no comer. Aparece el aspecto negativo la serpiente y usando .01% cifra generosa aproximada de la poderosa Verdad, la mezcla con la habladuría la altera y produce una mentira. Esta mentira genera confusión. La confusión produce más habladuría y una actuación no deseada. La línea de conceptos corre así:

Verdad-mentira-habladuría-confusión = tarea no cumplida = actuación no adecuada = escena a repetir.

Algunos estudiosos la llaman desconexión espiritual.

En este guión también es gramos grasa de más, obesidad espiritual. Todos estamos en un proceso similar de gramos grasa espirituales de más.

¿Cómo eliminar la habladuría?

Simple: hablando adecuadamente.

la intención

Hay personas que pronuncian palabras espiritualmente no aconsejables. Incluso familiares cercanos que se distinguen por la utilización de algunas palabras. Se pueden observar hasta colonias en varias ciudades, famosas por los habitantes y su habla.

La intencionalidad es importante. La conciencia que se les imprime a estas palabras puede ser la diferencia. A veces la persona no imprime una conciencia negativa a sus palabras y esto espiritualmente, cuenta.

La propuesta es tratar de depurar los hábitos. Personalmente creo que un habla sagrada no permite esa libertad. Es decir el uso de un habla extraordinariamente popular, de ultra-confianza y llena de modismos algunos degradantes no es aconsejable.

Cuidado con los hábitos negativos.

Los hábitos son silenciosos. Es como quien dice que lleva 4 años diciendo todos los días esa palabra negativa pero que a ella, no se le ha hecho un hábito.

De acuerdo. El mundo es libre.

La sugerencia es hablar mejor. Mejor es elevado espiritualmente. Libre de sospechas y peligros literarios.

Es mejor hablar bien y lograr una buena comunicación espiritual al meditar y orar.

Repetimos, en cualquier caso la habladuría es dañina: a quien la

los turistas regresan de nuevo

dice, a quien la escucha y a quien va dirigida.

¿Qué podemos hacer? Hay un par de sugerencias sencillas y prácticas. El mejor antídoto para la habladuría el hablar mal/ inadecuadamente es: el hablar bien. El hablar adecuadamente.

¿Cómo combatirlo? Hablando bien.

De toda la Creación con mayúscula, los únicos que hablamos palabras, pronunciamos letras y vocales, transmitimos conceptos a través del habla, somos los descendientes de *adam*, la humanidad. Así que parte de nuestra tarea espiritual pendiente como simples humanos reposa en purificar el habla. No solamente es necesario purificar nuestros pensamientos, sino que la purificación, el reparo, el arreglo, tiene que manifestarse en un habla adecuado.

Libre de habladuría y mentiras. Las mentiras por pequeñas que sean causan mucho daño espiritual. Hay que tratar de evitarlas.

algo práctico
biotaller

Vigila lo que hablas.

Observa lo que pronuncias. Su contenido. Su esencia.

Trata de evitar cualquier mentira. Por pequeña e inocente que parezca.

Evita hablar mal de los demás, aunque tu creas que sea verdad y que se lo merece. Tampoco hables mal de ti, intentado degradarte.

Nuevamente la meditación y la oración pueden ser de ayuda para enfocar los pensamientos y tener más conciencia de lo que se pronuncia.

Aunque algunas tradiciones aconsejan el silencio total, de lo que se trata espiritualmente es de controlar el habla, no de suprimirlo. Se trata de purificarlo. Elevarlo. Utilizarlo espiritualmente.

el habla

Bueno, si insistes en el silencio, los ayunos verbales de algunas horas son muy aconsejables. La sugerencia es ensayar, repetir la escena, pulirla. Hasta que quede controlada.

Los ofrecimientos negativos a hablar mal son más frecuentes que las ofertas alimenticias negativas cuando estás a dieta. La habladuría es más penetrante en los hábitos del humano que una dieta errónea o dañina. Cuidado. Los Sabios añaden que el habla depende del alimento ingerido y lo que hay que vigilar es el concepto de boca. Incluso a veces en ciertos niveles es una forma de comunicación ampliamente "aceptada". La alimentación es un *input* energético que ingresa por la boca, mientras la habladuría se genera por la boca y se recibe por los oídos. Claro, ambos deseos nacen en el pensamiento.

Así que cuidado con lo que se escucha. Escuchar habladuría hace tanto daño como pronunciarla. También leerla. A veces este *input* entra por los ojos. Hay algunas calumnias en forma escrita. Hoy en día, más que antes. Cuidado.

La habladuría en cualquiera de sus formas, vía hablada, escuchada o escrita, es altamente negativa.

El solo hecho de empezar a darse cuenta, el tener conciencia de ello, es el inicio de su combate y su eliminación.

No es sencillo. Todos estamos involucrados, todos colaboramos en algo a su negativa presencia.

Hablar mal de otros, es realizar también un juicio, analizar (en alto porcentaje de los casos) de forma errónea. La sugerencia es primero analizarse uno y tratar de arreglar lo que haya que arreglar.

Desafortunadamente todos hemos pronunciado algo espiritualmente no adecuado. Los estudiosos recuerdan algo más para la simple y práctica acción. Cuando estamos tratando

los turistas regresan de nuevo | 49

de reparar algo negativo que hemos hecho, lo aconsejable es: tener conciencia de lo hecho, no repetirlo jamás, pedir perdón, reparar el daño si hay un daño físico o retribuir de alguna forma la consecuencia.

empujón sin secuelas
biotalller

Escribamos un ejemplo.

En una tienda por accidente alguien empuja a un señor de edad superior a los 80 años. Va a caerse pero lo detiene. Le pide disculpas. Le dice que fue "accidental" que se va a fijar más. "¡Por favor! perdón!" le implora. Y el señor de avanzada edad dependiendo de su conciencia espiritual le va a decir algunas cosas, pero le va a perdonar. El caso del empujón espiritualmente está arreglado, reparado. No hay consecuencias posteriores. ¡fiuúu! No hay secuelas a reparar o sea tareas pendientes.

Pero en el caso de hablar mal de alguien, por ejemplo una mentira que dijeron de una persona y alguien la repite y la transmite y la comunica. ¿cómo repararla?

La reparación de esta habladuría conocida en el bajo mundo de la "alta comunicación" como chisme tiene un alto grado de dificultad.

Ese el más grave problema del hablar inadecuadamente, su reparación. ¿Cómo le va a comunicar a todos los oídos que escucharon, que eso que se dijo no es cierto? Pero como este es un libro que trata de solucionar y aligerar peso espiritual, aligerémonos.

La vida espiritual es más simple de lo que creemos. Las soluciones son menos complicadas de lo que imaginamos y lo único que se necesita es primero tener el deseo de arreglar tu vida y lo hablado.

Vamos a escribir lo más directo posible. Es simple.

el habla

¿Cómo empezar a reparar el daño ocasionado por la habladuría? Hablando bien. Es sencillo. Pero también requiere de algo de explicación y comentario.

¿Y qué ocurre con las personas afectadas? ¿Cómo reparo el daño? ¿Cómo les pido perdón? Simple. Pidiéndoles perdón. Trata de realizar acciones espirituales fuertes. Hablando bien primero. Da caridad en aras de purificar esas palabras. La caridad tiene el poder de purificar eso y más.

Pero insisto, sería bueno hablar mejor. De una forma más elevada.

¿Qué es hablar más elevado? Es sencillo también. En la práctica es reducir la habladuría al máximo posible.

Hablar cosas positivas desde cualquier punto de vista. No dejar entrada a rumores, sospechas, complots. No hablarlos, no escucharlos.

No ser partícipe de pláticas que causen daño colateral. Pláticas donde se habla "fuego amigo". Es decir donde dicen los/las participantes: "Son cosas negativas, chismecitos, pero no hacen daño a nadie". "Son en buen plan". La habladuría no tiene nada de "buen plan". Es todo lo contrario, el plan es corromper.

En nuestra vida diaria, estamos improvisando las palabras. La plática por más consciente y vigilada que esté, es hablar improvisadamente. Es lo normal. Así que como ocurre en toda improvisación en la música, en un micrófono, en la vida diaria, la sugerencia es: estudiar, practicar, ensayar, vigilar, afinar la percepción y ¡hablar bien!

Y aquí cabe un recordatorio, la vida hay que improvisarla mejor.

Existe otra forma paralela de acercarse a un habla más elevada. Esta es: la oración formal.

Una habla sagrada. Trata de acercarte a la oración y a un habla sagrada.

Hay dos tipos de oración: la improvisada y la escrita por grandes maestros.

Los Salmos del Rey David, son súplicas y alabanzas compuestas por inspiración divina y tienen un elevado grado de purificación y conexión espiritual. Grandes tradiciones espirituales las incluyen en sus oraciones y las recomiendan ampliamente para diversos remedios.

Los Salmos es uno de los Libros Sagrados por excelencia de toda la humanidad. Su lectura es altamente recomendable. Leerlos en voz alta es la práctica de un habla más elevada.

La sugerencia simple es: da caridad, toma un texto de los Salmos de David, y lee un pasaje en voz alta. Hazlo con una intención de reparar el habla personal.

Pronuncia todo en voz audible.

Como estamos en medio de un ámbito sagrado (espiritualmente alto) es recomendable dar un trato sagrado a estas páginas. Trátalas con una conciencia adecuada por favor. No las introduzcas a lugares sucios.

¿Deseas el remedio completo? De acuerdo.

La siguiente sugerencia sirve en gran manera para matizar los efectos negativos emanados por la habladuría.

Es una especie de receta espiritual para purificar el habla.

sugerencia para purificar el habla

El texto sugerido es de Salmos 120 y 34 del Rey David.

Vamos a elegir un lugar apropiado, limpio.

El sitio que tu elijas. Donde estemos cómodos.

Da algo de caridad. Unas monedas, un cheque, una donación.

Pronuncia en el momento de efectuar la donación:

"Doy esta cantidad en aras de elevar mis palabras y purificar todas aquellas que fueron pronunciadas o escuchadas en forma inadecuada. Asimismo te pido Amo de Todos los Mundos que nulifiques por favor cualquier daño que éstas pudieron haber causado tanto a la persona que las pronunció, como a quien las escuchó y a quienes estaban dirigidas".

Después de haber efectuado la caridad hacemos una pausa y reflexionamos.

Bien, el sólo hecho de haber brindado este tipo de caridad, es algo extraordinariamente fuerte. Ya estás seguramente más que inspirado. La caridad es muy poderosa.

Toma tu tiempo. Acabas de dar caridad.

Acabas de compartir parte de tu porción. Acabas romper con la ilusión de la posesión del dinero. La invitación es a reconocer una conciencia más elevada.

Si estás leyendo estas palabras seguramente ya has tenido muchas experiencias de caridad anteriores. No eres nuevo en esto. En nuestra vida estamos acostumbrados a compartir. A dar. Ayudar al necesitado. La caridad la hemos practicado toda la vida. Unos en mayor grado que otros, pero todos hemos experimentado este acto espiritual elevado que es la caridad. Lo que tal vez no hemos experimentado es un nivel más elevado de conciencia de lo que es la caridad y la oración. Así que por favor medita un poco en la cara de alegría y agradecimiento

los turistas regresan de nuevo | 53

que acabas de observar al dar unas monedas a esa persona que tenías enfrente de ti. O experimenta esa paz que brinda el saber y estar seguro que esa donación que realizaste va a llegar al lugar apropiado. Que esa cantidad va ayudar en algo, a aliviar y sanar el problema y la causa que está dedicada la institución. Que ese dinero con seguridad va a ayudar. Simplemente ayudar. Es bueno tener esa certeza. La caridad trae paz. Bueno, por favor trata de experimentar los beneficios de ese "dar". Sigamos.

Respira profundamente, exhala de igual manera. Tres veces repite conscientemente la inhalación/exhalación.

Entonces, pronuncia en voz audible: "Con la lectura de estas palabras del Rey David, y por mérito de todos sus ancestros y descendientes imploro tener acceso a un habla más elevado espiritualmente. Asimismo ruego porque los daños causados por un habla inadecuado sean reparados, sanados y que pronto todos en el mundo alcancemos la paz completa".

Salmo 120 v2

← הצילה נפשי משפת-שקר מלשון רמיה

fonética → hazila nafshí mispat-sheker, milashón remiyáh
salva mi alma de labios-falsos, y de la lengua engañosa

Salmo 34 v15

← סור מרע ועשה-טוב בקש שלום ורדפהו

→ sur merá veaséh-tob, bakésh shalom verodféhu
huye del mal y haz-el bien, busca la paz y persíguela

← אמן

amén

el habla

Detente unos instantes. Observa las letras en Hebreo. Dales lectura visual de derecha a izquierda. Trata de pronunciar la fonética. También en Español. Escucha tus palabras.

Ahora trata de hacer una oración, una pequeña súplica continúa con las palmas hacia arriba en posición de recibir algo:

> "¡Creador del Universo! Amo de todos los mundos. Creador de todas las palabras. Gracias por darme la oportunidad de transitar por este momento.
>
> Por favor ayúdame. Con bondad dame el conocimiento de saber ¿cuáles son los hábitos a transformar para bien? Sobre todo los del habla. Con misericordia házmelos saber y dame la fuerza para transformarlos. Asimismo protégeme de las palabras pronunciadas en mi contra y nulifica todas ellas por favor, en la medida de mi habla y de mis palabras. Dame el mérito por favor de estar más cerca de Ti.
>
> Gracias."

Eso es todo por ahora. Esta es una acción espiritual muy elevada. Muy buena. Eficaz. El solo pensamiento, el desear corregir el habla es muy elevado. El pedir ayuda al Amo de todos los pensamientos, no requiere de explicación extra. Es lo más fuerte y eficaz que hay. El entrar a un ámbito espiritual alto trae grandes beneficios. Al pronunciar este texto sagrado se está dirigiendo el habla hacia lo santo. Se usa el habla para bien. Se corrige la habladuría expresada en vidas pasadas, se suplica a Dios y lo invitas a que te ayude. Esto es simplemente reverencia/presencia. Lees un texto súplica del rey David y si antes se da algo de caridad ¡Bendito el Nombre! ¡Qué no se puede mejorar con esto! Por favor, acércate al pensamiento que estamos en algo espiritualmente elevado y altamente benéfico. Trata de experimentarlo.

los turistas regresan de nuevo | 55

Dar caridad
es una
columna
espiritual
de la
humanidad.

Al lado de la oración.

Muy cerca de tu deseo y acción.

secuencia 5

0/ sabios y pacientes

La habladuría es una negatividad muy antigua, de consumo popular y contaminante en alto porcentaje para la vida espiritual de cada uno de nosotros. Todos estamos en un proceso similar. Todos. Tratando de hacer nuestras tareas pendientes, entre ellas controlar el habla.

Pero ¿para qué controlarlo? Para hablar bien.

¿Y qué es hablar bien? Un hablar libre de habladuría mentiras, charlatanería o palabras y conceptos negativos espiritualmente. En un nivel es aceptable esta definición.

Mientras en otro nivel los Sabios recomiendan llegar a la práctica de un hablar sagrado. Hablar en Verdad. Hablar Santo.

Y como toda tarea espiritual pendiente global, todo comienza a solucionarse simpleysudorosamente a nivel personal. Como la alimentación y sus dietas para corregir y purificar lo esencial, el controlar el habla hablar y escuchar requiere de un deseo personal. Un auto-análisis constante. Vigilancia. Estudio. Ensayar y repetir los parlamentos adecuados. Antes es necesario saber cuál es el guión más adecuado. Las palabras adecuadas. Confrontarse con la realidad escénica. Tu vida personal. Tus necesidades espirituales y físicas. Es decir tu biografía, tu vida personal. En tu biografía están los requerimientos del habla personal que necesitas pulir y elevar. Tu los conoces. O bien, puedes conocerlos, si así lo deseas.

Reitero, la mejor forma de desaparecer la habladuría y prevenir sus daños espirituales y/o sanarlos es muy simple: **hablar bien**.

Empezar a hacerlo.

Hablar lo mejor posible.

No caer en diálogos negativos.

Tratar de no escuchar basura.

Es muy sencillo. El Rey David ya lo dijo hace cerca de 3,000

años: "...huye del mal, haz el bien..." Salmo 34 v15.
Huye de la habladuría, habla bien escucha bien.
No es fácil. Hay que tratar de disminuirlo poco a poco. Es parte de un programa espiritual básico. Es la sugerencia personal más sencilla, práctica y eficaz.

Muchas disputas familiares y malentendidos en el trabajo tienen su raíz en la habladuría. Tenlo en mente por favor.
El aspecto negativo del habla es una fuerza espiritual de cuidado. No hay que subestimarlo. Hay que tener respeto por las fuerzas espirituales. Es bueno clamar ayuda al Creador por su ayuda y protección así como tratar con toda nuestra fuerza y voluntad realizar las acciones más luminosas posibles. El poder del habla hay que orientarlo a la creación de vehículos de bendiciones, milagros y maravillas.

los socios desean compartir

Otra de las características de la habladuría es que siempre requiere socios y testigos. Personas con quien compartir negativamente su mentira y constantemente lo logra. Vamos a decir, diario lo logra. Así que el trabajo para contrarrestar sus avances también tiene que ser diario. Hay que tratar de hablar palabras espiritualmente correctas, diario.

Mencionaba que la habladuría siempre "desea" compartir. Es cierto espiritualmente. La esencia de la mentira es la Verdad. La mentira es el aspecto negativo y más bajo de la verdad. Generalmente se observa a la mentira como un acontecimiento externo completamente contrario y separado de la verdad. Como un *happening*, un *performance* el cual se observa como una pieza teatral en medio de la zona peatonal del centro de la ciudad en la que nos detenemos y decimos: "...¿qué está ocurriendo ahí? vamos a ver ¡qué actuación! *plap plap plap* (son aplausos)".

Parecido a cuando alguien de un país remoto ve un juego

deportivo entre dos países aparentemente muy lejanos y afirma que no le entiende, no le interesa, no le emociona. Si gana alguien está bien, si no también. Afortunadamente en estos días todos nos estamos acercando y poco a poco los humanos apartados van cobrando nuevas percepciones a nuestros ojos. Estamos regresando a recordar que **todo afecta a todos.**

Vemos a la mentira como algo externo, alejado de nosotros y de nuestras vidas. Como algo que no nos va a ocurrir ni afectar en nuestra biografía. Pareciera que está lejos. Como en una vitrina. Pero no es así.

La mentira es un aspecto muy negativo y muy bajo de frecuencia de la verdad. Podría afirmar que la mentira es la copia pirata de la verdad. Es la misma relación de lo negativo y lo positivo. El mal es una copia pirata del Bien. Una copia a la cual hay que tenerle cuidado y respeto. Y como copia **por eso también** "desea" compartir. Espiritualmente es muy normal que lo negativo comparta.

Así como alguien quiere decirle a todo mundo sus hallazgos luminosos de su espiritualidad, alguien practicante de alguna negatividad, en este caso la habladuría y la mentira, con "gusto" la comparte. O sea es un agente transmisor, la mayoría de las veces sin saberlo. Comparte y transmite. Impregna conciencias en forma negativa. Todos estamos en esta batalla.

Hay que tratar de no entrar a las actividades del chisme **organizado.** O más bien, trabajar por salirse. Ambas acciones no son fáciles. Un día se va a tener que hacer. **Hay que procurar** hacerlo con sabiduría. Con el menor dolor posible. Sin lastimar a nadie.

La sugerencia es trabajar diario.

Se necesita observación, una resistencia grande para no dejarse convencer. Además de una larga paciencia. Como la que se necesita para esperar algo muy deseado.

Vayamos a la práctica.

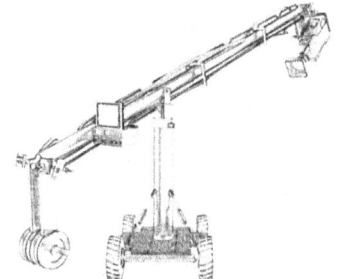

Supongamos que una persona está en la fila de un trámite que es importante realizar. Lo tiene que hacer. Después de algunas horas de espera llega a la ventanilla y surge el siguiente diálogo.

"¿No trae el recibo del ADN de su último diente de leche?"

"¿Cuál recibo?"

"El recibo que se le cayó, y que ya no es un niño. Son las disposiciones. Son los requisitos"

"Pero si por teléfono me dijeron que esto era todo lo necesario. Además ya he venido varias veces y me dijeron que solo faltaba un recibo del dueño de la casa del vecino que aseguraba que es necesario hacer el trámite. Éste por fin lo conseguí."

"Pues así son las nuevas disposiciones. Además es muy importante saber si los dientes de leche eran de su propiedad. Usted sabe, se puede cometer un ilícito."

"Señor, por favor tengo que viajar 12 horas para llegar aquí, vivo en el sur de la región."

"Y ¿yo que puedo hacer? No puedo hacer nada. Estoy haciendo mi trabajo y lo hago bien. No interrumpa por favor que hay muchas personas a quien atender". (…) Si usted quiere conseguir este boleto gratis para el Parque de Diversiones, es lo que hay que traer. Mire aquí está el letrero grande. Léalo. (…) ¡El siguiente!"

los turistas regresan de nuevo | 63

Antes de la siguiente escena vamos a pausar la secuencia.

Flotan bastantes posibilidades que en la escena resultante haya palabras no aptas para menores de edad aunque estén acompañados de un adulto.

pausa:

Esta es una prueba espiritual fuerte y muy popular. La prueba primaria consiste en no detonar, pues hacerlo significa estallar 3 rasgos básicos, 3 tareas espirituales pendientes muy importantes. Estas son: la paciencia, el habla y el tratar a otros de manera adecuada el respeto al prójimo. Parece que estos tres rasgos a matizar y trabajar vienen en paquete en este tipo de escena pre-detonantes.

La impaciencia detonada puede desatar la habladuría y el hacer sentir mal a las personas.

Si hay un rasgo que adquirir rápidamente es la paciencia.

¡*Urge* tener paciencia! Bueno, es una forma de hablar y escribir.

Si hubiera una clínica de impacientes, después de una prueba como la anterior, invitaría a visitarla. A los dos involucrados. Porque a los dos les sería recomendable trabajar espiritualmente algunos rasgos esenciales. Pero las clínicas atienden generalmente a pacientes. A los enfermos de algún padecimiento, se les llaman pacientes. Automáticamente se le cambia el nombre por pacientes para esperar la sanación. Y resulta.

Dependiendo del individuo por ejemplo en caso de hospitalización y/o en caso de observación por algunas horas, al enfermo se le cambia la dieta, se le pone en reposo, se ubica en observación y con paciencia hay que esperar consejos y opiniones. Damos por hecho que todos los datos brindados por el paciente son verídicos. Hasta donde sabe la persona de sí misma. Cualquier mentira, sería infantil pronunciarla. Además de ser extremadamente dañina.

En el ámbito espiritual todos los ingredientes son los mismos que en la Sala de Urgencias, los elementos se parecen, pero al igual que pasa con los cuentos, están acomodados de diferente manera.

Cuenta una tradición jasídica del Rebbe Najmán que los cuentos populares enseñan cosas espiritualmente muy fuertes y sus elementos espirituales son esencialmente los mismos que las grandes enseñanzas espirituales, pero que están acomodados de forma distinta y hoy en día algo desajustados de lo espiritual y originalmente correcto.

En el proceder de la ciencia médica parece ocurrir algo similar. Realmente la ciencia, religión, la espiritualidad esencialmente hablan y buscan lo mismo desde diferentes lugares físicos y espirituales. Cuando una persona desea regresar a una senda espiritual es esencial adquirir el hábito de la paciencia. Si este lugar literario esta página con sus letras y palabras es el lugar donde la persona acude para obtener algunas sugerencias que lo lleven a una vida mejor, para regresar a la espiritualidad deseada entonces éstas serían sencillamente:

"Mire, sería bueno cambiar de dieta, alimentación. Es necesario observar su comportamiento. Sus hábitos. Usted mismo lo puede hacer. Trate de transformarlos para bien. También es saludable hablar poco, lo necesario. Si desea un consejo, con gusto. Puede consultar al especialista. Hay que tener paciencia. Adquirir el hábito esencial de la paciencia."

Las sugerencias son muy parecidas. Incluso en espiritualidad son casi las mismas para quienes se adelantan a la urgencia que para quienes llegan con signos vitales espirituales en emergencia. La medicina preventiva espiritual es también recomendable. Muy recomendable.

La paciencia está ligada a varios conceptos. Los Sabios sugieren:

los turistas regresan de nuevo | 65

para adquirir sabiduría se necesita paciencia y para adquirir paciencia se necesita sabiduría. Asimismo la paciencia está íntimamente ligada con la tolerancia. Sobre todo al humano de enfrente, al prójimo. Tener paciencia al prójimo, también es tolerarlo. La tolerancia nos permite una mejor convivencia con nuestros prójimos más cercanos. Así que ya descubrimos otra línea de conceptos ligados en cadena. Esta línea es: sabiduría-paciencia-tolerancia-convivencia. Y la prueba de la convivencia es una de las tareas pendientes que nos afectan a todos los humanos. A nosotros. A mí, a ti. A cada una de las 7milmillonésimas partes que conformamos la humanidad.

$$1 \div 7{,}000{,}000{,}000 = 1.428E^{-10}$$

En el mundo de la computación personal, ocurre algo similar. La gran tarea es la compatibilidad, la tolerancia a otros sistemas, a otro *software*. Y opino lo mismo, vamos a lograrlo con ayuda espiritual.

¿Cómo podemos convivir de mejor manera?

Compartiendo la bioconciencia hoy que:

la humanidad es una ∞ tenemos en común mucho más que lo que pensamos en forma habitual, rutinaria ∞ está bien que estemos transitoriamente fragmentados en comunidades, regiones y nacionalidades pero que esencialmente formamos una gran humanidad espiritualmente somos Uno ∞ en las cosas esenciales estamos de acuerdo ∞ deseamos y podemos convivir para eso fuimos creados y formados ∞ deseamos lo espiritual la vía de la sabiduría, el conocimiento ∞ nuestro libro sagrado es la esencia espiritual ∞ el papá de todos los pueblos es abraham, nuestro papá ∞ solamente hay un Creador Amo de todos los mundos ∞ **deseamos la paz completa.**

Esta es una sugerencia inicial para facilitar la convivencia.

En cada momento estamos siendo probados para practicar la paciencia-tolerancia-convivencia. Cada prueba es un ensayo para purificar esta tarea pendiente.

A pesar que el consejo primero es no detonar en una escena de alto riesgo, hoy no basta con no explotar. No enojarse ya es un logro pues el consejo esencial es: no reaccionar negativamente. No responder la "agresión". Estudiar la escena (…). Sin embargo, en estos días ya no basta con solamente no reaccionar, internamente refunfuñar y aceptar. Hay que pedirle más información y conocimiento al Creador para que no sea tan solo una experiencia física que se pueda tolerar momentáneamente. Sino que también sea una posibilidad de elevación espiritual.

Y esto es posible hacerlo en esos pequeños momentos de tensión en el café, en el transporte, en la oficina, en la escuela, en las largas filas. En casa, en tu familia, contigo mismo. En todos estos lugares también podemos reconocer esa chispa espiritual en el prójimo. Y si nos detenemos un poco. Respiramos. Leemos este texto. Pedimos ayuda al Creador, podemos dar gracias al Nombre y no pronunciar palabras de destrucción y deterioro. Mediante el habla podemos obtener una visa espiritual más elevada.

El habla es sutil.

Requiere de la constante práctica de la improvisación. Todo es improvisado. Gracias a Dios no somos robots. Formamos parte de la gran humanidad hablante. Tenemos libre albedrío. Libertad. Solamente tratemos de usar esa libertad de una forma más elevada para realizar nuestras tareas espirituales pendientes.

secuencia 6

0/el pequeño secreto de la libertad

los turistas regresan de nuevo | 69

La Escena del Jardín es rica en lecciones y sugerencias espirituales. Bueno ¡que puedo decir de una de las escenas origen de la humanidad descritas en la Toráh! Cada letra, palabra y concepto está imbuida de una fuerza espiritual inagotable, ya sentida en las innumerables páginas que Sabios han escrito y revelado. En estas escenas sagradas están casi todo lo ocurrido y muestran casi todo lo que hay que reparar. La raíz de nuestras tareas espirituales pendientes se encuentran reveladas y ocultas en esta inmensa escena.

La tarea alimenticia abordada como la sugerencia primera contiene también el primer ofrecimiento espiritual, la primera elección de la libertad humana.

De lo relatado en la Escena del Jardín emana la manera en que se nos ofrece a cada instante nuestra conexión con la espiritualidad y la libertad.

Grandes Sabios han coincidido en que la sugerencia alimenticia primera es decir:

Génesis 2

v16
el Nombre/Elokim le sugirió/ordenó al hombre diciendo: de todo árbol del jardín podrás comer libremente

v17
pero del árbol del conocimiento del bien y del mal no podrás comer...

significa simplemente el origen de la libertad humana, la libertad de elección, el libre albedrío o cualquiera que sea el nombre seleccionado libremente por numerosos traductores, intérpretes, pensadores y estudiosos a través de cientos y miles de años. Libertad que está oculta dentro del objetivo personal, de la misión espiritual. Sencillamente, el ofrecimiento de la escena original es: ¿**qué prefieres**? ¿**alimento espiritual o alimento físico**?

Ya conocemos lo seleccionado por *adam* en esa primera prueba después de un tiempo. O por mejor decir ¡qué es lo escogemos casi todos nosotros en la mayoría de los primeros ofrecimientos con ayuda de las presiones negativas!

Y esa es toda la famosa libertad humana. En este momento, ¿qué prefieres? ¿El aspecto físico o el aspecto espiritual?

¿Qué deseas hacer? ¿Qué deseas comer? ¿Qué palabras deseas hablar? ¿Cómo deseas tratar y/o responder a tu prójimo? Desde entonces, desde la aparente lejanía del Escena del Jardín siempre estamos siendo cuestionados. El ofrecimiento es diario, a cada instante. Y en aras de una elevación personal podemos acercarnos más a la respuesta adecuada.

Desde el punto de vista espiritual, la libertad también es una oportunidad para poder cambiar y elegir mejor. Elevar nuestros pensamientos, nuestras acciones, la percepción misma de la libertad.

Entonces ¿qué es la **libertad**espiritual?

La libertad espiritual es un ofrecimiento esencialmente dual para invitarnos a **hacer lo más adecuado** espiritualmente.

Es mejor elevar la pregunta. Es más, pienso que la pregunta adecuada es ¿qué hacer con la **libertad**espiritual?

La sugerencia práctica es: donde estés, en el momento que aparezca tu ofrecimiento personal: detente, reflexiona, pide ayuda, pide consejo, ora y trata de hacer lo correcto espiritualmente. En la práctica en nuestra vida personal, diariamente nos enfrentamos y contestamos a estos ofrecimientos.

Hay toda una variedad de ofrecimientos en cada día de nuestras vidas. Es fácil darnos cuenta cuando se presentan en situaciones

los turistas regresan de nuevo | 71

extremas. Pero los extremos generan tremenda confusión la cual hace menos clara la elección correcta. ¿Cuál es la mejor elección? Es personal. Tu tienes los datos necesarios. La información esencial de la situación. Datos limitados.

|una nota en el límite

La **libertad**espiritual es darse cuenta también de la bendición de la frontera, del límite. El darse cuenta del límite ayuda a ampliar la percepción. **Tener conciencia de la libertad espiritual es conocer el sistema espiritual en el cual habitamos, vivimos, transitamos.** O escrito de otra forma, la libertad espiritual es una de las características del sistema espiritual que vivimos la **humanidad.** Descrito clara y compactadamente en Génesis, Libro Primero de la Toráh.

La **libertad**espiritual es una de las condiciones o características de este sistema raíz, de esto que llamamos vida regalo del Creador. A veces uno puede confundirse y asociar la libertad a lo ilimitado. Ocurre en algunas vidas pasadas. **Pero para poder acceder a algo más amplio, para elevar la conciencia, es necesario hacer uso del límite** y respetarlo.

El solo hecho de que nuestra alma esté en un cuerpo es un límite. Y es muy bueno. Nuestra alma es parte de algo ilimitado pero nuestro trabajo espiritual tiene un límite. Es una paradoja del estudio espiritual. Pero así es. Y así, es excelente. Además de **aconsejable** el enterarse.

El hecho que veamos una noche estrellada con millones de sistemas luminosos nos inspira y nos llena de espiritualidad y de libertad, pero esta imagen, esta pantalla con elementos luminosos es limitada. Solo podemos percibir algunas lucecitas y físicamente estar aquí en esta hermosa Tierra. Y eso también es muy bueno. Si nos paramos al borde de la playa y observamos el

la libertad espiritual

inmenso mar damos gracias por tan bondadosa escena. Pantalla limitada desde la frontera tierra/agua. No podemos ver todos los mares ni todos sus habitantes marinos. Y esto también es muy bueno.

La frontera, el límite, el borde, forman los recipientes adecuados para recibir y percibir la libertad y de esta forma acercarnos a lo espiritual. Al recibir destellos de la inmensidad espiritual.

Hasta el concepto de infinito, para su comunicación escrita lo tenemos que restringir a 8 bellas y espirituales letras en Español.

Causalmente, el símbolo de infinito es ∞.

De esta forma podemos escribirlo, comunicarlo, intuirlo. Y aún podemos seguir leyendo. Conocer nuestra tarea espiritual pendiente es percibir este límite.

límite de la nota ___/

De acuerdo a la Escena del Jardín, la escena culminante del primer ofrecimiento de libertad, hay dos posibilidades raíz. Una elección nos lleva a una realidad espiritual altamente sensible. Esta es la espiritualmente acertada. La otra nos conduce por una vida de más trabajo y confusión. De errores, decisiones inadecuadas. De algunos aciertos. Aciertos y errores. Causa y efecto. Una elección es la que trae beneficios espirituales inmediatos. La otra puede traernos gratificaciones inmediatas corporales. Con su secuela de efectos, positivos y negativos.

Este es el ofrecimiento ¿qué es lo que tu deseas hacer?

¿Deseas realizar algo espiritual? una tarea espiritual pendiente. O bien ¿deseas repetir y hacer algo físico con bajos niveles de espiritualidad? No es fácil la respuesta. Tampoco imposible encontrar la adecuada. Es más de esto se trata este libro, esta vida ¡y las otras también! las vidas pasadas y futuras.

O bien escribamos esta variante global. ¿Deseas responder

los turistas regresan de nuevo | 73

como lo has venido haciendo en tus recientes respuestas escenas o vidas? O bien ¿deseas responder con la información espiritual adquirida con deseos de una mayor elevación, una mayor reparación? La esencia de la libertad humana está en esta pregunta: ¿hacer o no hacer? Comer o no comer. Responder o no responder. Hablar y no hablar. Es muy sencillo. La decisión depende de la persona.

Los grandes Sabios insisten que siempre hay libertad. Sin deseo de juzgar a nadie. Sin embargo, es esencial acentuar que la presión ejercida por el ámbito, las fuerzas espirituales, la atmósfera en que se realiza el ofrecimiento es a veces muy fuerte. De consideración. Hay que tener conciencia de las fuerzas espirituales y respetarlas.

Si no, pregúntale a la mujer de la Escena de Jardín. O más práctico y simple. Preguntémonos a nosotros qué elegimos en el tráfico de regreso a casa cuando un prójimo se atraviesa. En la fila del trámite. Ante el empleado de la oficina que visitamos. En la dieta que tratamos de iniciar. La presión es a veces de dos dígitos.

O más sencillo, cuando en un destello de elevación espiritual descubrimos nuestra rutina personal y cuando escuchamos la pregunta: "¿Qué deseas, ésto o ésto" "¿deseas lo mismo?" "¡por favor, sírvase Usted mismo!" Entonces puedes decir: No gracias. No deseo lo mismo.

Deseo una pequeña elevación personal. Deseo una mejor relación espiritual. Deseo una mejor vida. Deseo una alimentación más espiritual, simple, la que necesita mi alma. Deseo pronunciar palabras que me ayuden a construir una buena vida. Deseo una vida más ligera libre de peso espiritual de más. Deseo menos dolor. Deseo actuar por todo esto. Oro por poder hacerlo.

la libertad espiritual

No gracias. No a la respuesta inadecuada. Entonces dicen los grandes Sabios que todas las esferas espirituales se mueven y recibimos ayuda de lo más alto.

La libertad espiritual se manifiesta simplemente en la posibilidad de hacer o no hacerlo.

Hay vidas de humanos a quienes se les presenta una gran libertad de elección. Aparentemente gozan de grandes oportunidades. Espiritualmente es un peligro constante. Con el conocimiento adecuado pueden tener la fuerza de elegir lo correcto.

Por el lado de la limitación, hay vidas que aparentemente viven con poca libertad de elección. Visto desde el mundo físico es una vida con grandes limitaciones, pocas oportunidades. Espiritualmente significa menos margen de error.

Los Sabios explican que en todos los 4 mundos opera la libertad. Quienes tienen menor libertad casi nula son las vidas del Mundo Mineral. Ascendiendo en grado de libertad está el Mundo Vegetal. Después el Mundo Animal. De todos los mundos es el del Humano/Hablante quien goza de mayor libertad. Claro, ya en el terreno individual depende de su biografía espiritual personal. Y sus tareas pendientes.

Algo más a recordar, la libertad espiritual tiene ese elemento esencial: la limitación, la frontera, la barda fina y filosa que sugiere. El límite de la libertad es un seguro espiritual.

Es muy peligroso y nada aconsejable espiritualmente **realizar algo sin límites.**

Ni la actividad más sublime y espiritual en este mundo físico puede realizarse sin freno. Cuidado. La dosis, el horario, la constancia son la cerca que protege la **libertad** espiritual.

La libertad es algo de lo más sagrado que tenemos.

Es bueno protegerla. Cuidarla. Observarla.

¿Hacer o no hacer?

Sugieren los Sabios que la pregunta se repite durante todas tus vidas, hasta que sea espiritualmente purificada elevada.

Interpreto que de todas formas vamos un día a lograr esta elevación. Y así deduzco que cualquiera que sea la respuesta vamos a lograrlo. Con la ayuda del Creador.

Solamente la vía de realizarlo está en nuestras acciones y respuestas.

La interrogante del camino es si vamos a lograr esa elevación espiritual mediante la sabiduría y la bondad o a través de un dolor repetitivo e innecesario.

Oro por que la humanidad entera lo logremos con el menor dolor posible.

Oro porque tu también lo anheles.

Por que usemos lo más adecuadamente nuestra preciada **libertad**espiritual. Libertad que por cierto solamente transita por y con nuestra vida. La libertad también es transitoria.

los turistas regresan de nuevo

bioconciencia

secuencia 7

o/el viaje de la vida

los turistas regresan de nuevo

En el libro la**O**besidadespiritual, escribí que los humanos nos parecemos más bien a turistas con visa temporal. Es decir, somos viajeros en tránsito. En este libro hoy lo reafirmo con una aclaración, los turistas regresan de nuevo. ¡Me gusta la semejanza! Como simple sagitario estudioso de historia y espiritualidad debo confesar que me atraen con fuerza algunas actividades: la conversación, el viajar hacer turismo. Puedo añadir el estudio, la libertad, el proceso hacia la perfección. Todas estas son palabras claves en espiritualidad. Yo acentuaría dos: viajes y turistas. Los conceptos que envuelve. Su esencia.

Viajes y turistas son un gran tema a nivel personal. En este texto son tema central. Hay muchas formas de viajar o visitar lugares. La que creo es la mejor incluye tomar consejo de quienes han visitado el lugar un experto en el lugar es excelente. Además, tener información previa de las circunstancias y leyes globales; ir ensayando mentalmente esa experiencia; hacer un listado de acciones y al llegar al lugar, conectarse con una buena agencia; tomar un *tour* o varios y disfrutar, aprender, adquirir información nueva, pasarla bien. Viajar es siempre recomendable. Para mí es de las cosas más importantes de la vida.

Como buen sagitario experimentado y por biografía personal desde muy temprana edad he estado relacionado con los viajes, nuevas ciudades, la noción de lo transitorio. El sentirse turista y el aprecio por lo temporal. Hace muchos años, tuve el mérito de escuchar a mi papá mi primer Maestro espiritual -un buen agente viajero- y por seguir su buen consejo ese viaje marcó mi vida reorientándola favorablemente. Su consejo original se resume en "…cuando llegues a una nueva ciudad procura siempre realizar esta serie de acciones esenciales: llega por la mañana o en buen horario, cuida tipo de cambio y busca una habitación instálate, vigila tus finanzas ten conciencia del presupuesto toma un *tour* de una buena compañía, asesórate (…) aparte tienes que visitar estos lugares (...) consejo directo del experto del lugar, pregunta, levántate temprano, aprovecha la mañana, camina, come saludablemente, ¡cuidado! dinero en efectivo en caja de seguridad o banco **diviértete** ¡mantente alegre! **no te metas en problemas** si se atora algo habla**, duerme lo necesario, estudia, aprende, regresa con bien** ten fe. Aquí nos vemos a tu regreso." Después de muchos años, puedo afirmar que he sido un buen turista. Gracias al Creador, a mis papás, y a mis buenos asesores.

Grandes maestros espirituales ya lo han reiterado durante miles y cientos de años *esto que llamamos vida es un viaje transitorio que ha sido repetido varias veces.*

Los viajes se asemejan mucho a esta vida. Cuando viajas, generalmente sabes de qué se trata el viaje. Y el consejo es el mismo, a mayor información y preparación del viaje y el lugar a visitar, mayor es la experiencia de esa ronda turística inolvidable. Sin embargo, con todo y preparación las peguntas comunes del turista continúan siendo: **¿qué hago aquí?** ¿qué debo hacer? La respuesta es lo más valioso que obtienes de tu vida.

simples turistas

Los humanos hombre y mujer **somos primariamente como turistas** temporales **de este planeta.** Los actores humanos somos más bien una especie de turistas espirituales transitando por esta bella vida en este hermoso planeta. **Además que el símil nos ayuda a acercarnos a la esencia de nuestra estancia en esta vida y poder vivir así con más alegría.** Con bondad, fortaleza, conocimiento, deseos de superar los obstáculos, agradecimiento, oídos para escuchar consejo y respeto para quienes nos lo brindan. **Y sobre todo una admiración impresionante por toda la belleza y armonía de este lugar que visitamos. Generalmente cuando estamos en medio de ese viaje en algún momento de inspiración y sensibilidad exclamamos interna y externamente:**

los turistas regresan de nuevo | 81

¡por la vida! ¡gracias Creador por tan sublime experiencia sin par! Una experiencia llena de música y sueños. Personajes. Situaciones. Metas. Trabajo. Generalmente en los viajes de turismo no se trabaja pero la idea es que la labor y el dinero están incluidos pues alguien tuvo que haber pagado el traslado y los servicios.

Los turistas somos generalmente muy optimistas. El viaje nos impregna de esa vitalidad. El solo hecho de estar en una estación de transporte, en una terminal terrestre, aérea o marítima nos llena de alegría y felicidad. Es más, la misma noticia que vamos a viajar nos llena de ánimo y planes optimistas. La sola idea. El principio del viaje es la idea, después su comunicación verbal.

El recordar el comportamiento de un turista nos ayuda mucho a la percepción de nuestra vida, sobre todo como trampolín de energía para realizar nuestras tareas personales. Por supuesto, recordemos que hay diferentes tipos de viajes: de placer, de negocios, educativos, vacacionales. De duración corta, mediana, larga. Cansados, densos, ligeros, muy alegres y divertidos, a veces tristes con experiencias amargas.

La esencia de que haya una gran variedad de viajes, es que existe una variedad inmensa de turistas. Al turista que me refiero es la de un viajero medio con recursos limitados, con cierto presupuesto y comodidades, un viaje de vacaciones por una ciudad grande, con atractivos de entretenimiento, históricos, culturales y por esencia espirituales.

La idea es rescatar la actitud positiva del turista en general. Su estado de ánimo siempre vigente. Su deseo por aprender. Y lo más importante de todo este transitorio pasaje literario por la evidente necesidad de tener un objetivo en el viaje. Un plan, un guión, una lista de actividades a realizar. Es decir sus tareas personales a cumplir. La serie de tareas espirituales pendientes.

El viaje del turista siempre tiene un objetivo espiritualmente práctico. El tan famoso objetivo en todo plan. El turista tiene uno y lo sabe a lo largo de todo su viaje. Lo recuerda con alegría y en los instantes previos de abordaje al vehículo que lo traerá de regreso. Aquí tal vez estos momentos emanan tristeza por el despedirse de amigos que recién conoció o recién reconoció. O por la simple despedida que trae la emotiva y fuerte escena de la separación. Toda despedida implica un fallecimiento y una nueva vida por eso siempre es dolorosa. Pero realmente es una oportunidad espiritual el ver a dos conceptos contrarios en esta escena (quien se va y quien se queda) además de natural. Las dos escenas a la vez. En un pasaje el cual no quisiéramos actuar ni transitar, porque es de frágil manejo, altamente espiritual y siempre nos exige improvisación. Y la improvisación requiere una alta técnica, estudios profundos, suficientes ensayos y práctica constante.

El objetivo del viaje es parte integral del turista. Sabe que hay un tiempo determinado para lograr todos sus propósitos incluidos en el guión personal. En una facilidad resumiré que cada turista realiza su viaje y cumple su misión turística y personal. Luego regresa a casa. Contento. Satisfecho. Es una gran alegría realizar ese viaje. ¡Es una oportunidad! Es una gran alegría retornar a casa.

algo de historia espiritual

Recordemos algo de historia espiritual. Hay una secuencia en la Biblia muy importante. Bueno, todo en ella es importante. Y me gustaría compartirlo en este momento. Es un hallazgo en sociedad pues parte de la clave la mencionó un estimado maestro de espiritualidad.

los turistas regresan de nuevo | 83

La secuencia está en el Libro 4 de la Toráh de Moshéh Moisés. Titulado *bemidbar* traducido al Español como Números. Es el pasaje de Números secuencia 13.

Como recordamos este texto sagrado trata sobre lo ocurrido en el desierto. A nivel de relatos e historias, Números empieza por un censo mostrando números estadísticos de las personas que estaban en el desierto, en espera. Lista de espera.

los 12 enviados

El pasaje que vamos a observar es el muy famoso de las 12 personas que envía Moshéh a investigar la Tierra Prometida.

En la Toráh está descrito que el Nombre le habla a Moshéh y le dice enviar a la Tierra a "investigar".

Más adelante Moisés envía a 12 personas una por cada tribu de Israel a investigar y realizar un reporte de la tierra y sus moradores.

Gente, personas, todas ellas líderes. En el relato global, estas 12 personas van, observan, regresan con el reporte. 10 líderes efectúan un reporte negativo. 2 líderes hablan muy bien de la Tierra y animan que sí es posible recibirla, tomarla, entrar y establecerse. Ante este reporte en su mayoría negativo, 10 de 12 líderes (el 83%) ante esta "habladuría" se revela un decreto el cual pospone la entrada a la Tierra de Israel por 40 años, hasta la siguiente generación. Toda esa generación no entró, salvo los 2 líderes que "hablaron" bien.

Así está escrito en el pasaje de los 12 enviados.

Interpretaciones y lecciones de esta secuencia son numerosas y bien sabidas. Algunas de ellas son muy populares. 3,300 años nos han enriquecido con grandes enseñanzas. La más conocida es que por el reporte negativo, por la "habladuría" se realizó un decreto en las altas esferas espirituales para no entrar a la Tierra.

Los Sabios recuerdan que no eran personas de bajo nivel espiritual, eran líderes espirituales. Líderes de Tribus. Y agregan que las acciones de los líderes afectan a sus agremiados a sus tribus.

Asimismo remarcan que para entrar a la Tierra, ese regalo espiritual del Creador había que pasar por un proceso de purificación de 40 años. Número relacionado precisamente con eso: reparación, rectificación, elevación. 40 en Numerología Bíblica es purificación. El decreto refleja simplemente una purificación para salir de una vida a otra. De un nivel a otro.

Pero como sabemos, la Toráh tiene un elevado número de interpretaciones y enseñanzas.

Las palabras "a investigar" empleadas por Moisés en diferentes tiempos y formas se localizan en Números 13 v2 v16 y v17 y son:

←לתור את הארץ

fonética → latur et-haaretz

Español : espiar en latierra

A espiar en latierra, es una traducción muy tradicional. En la mayoría de Biblias en Español que he leído así traducen: espiar en latierra. En Hebreo: *latur et-haaretz*.

Dentro de una historia muy literal de interpretación, podemos intuir también que, esas personas encabezadas por *yehoshúa* fueron los primeros espías del mundo. Un dato para aquellos que gusten de las aventuras del Sr. Bond *James Bond*, tan espectaculares hasta hoy en día.

Como recordamos constantemente, la Toráh de Moshéh ha llegado a nosotros en Español a través de una serie de traducciones con raíz en la primera traducción del Hebreo al Griego en una versión llamada la 70 o Septuaginta. Su nombre se debe a que 70 estudiosos/sabios/traductores realizaron tan impresionante trabajo que impactaría el desarrollo de la humanidad especialmente la hoy llamada Civilización Occidental. Y la Toráh bien puede aceptar varias traducciones e interpretaciones dada su riqueza espiritual inagotable. Los Sabios afirman que tiene 70 caras.

Un estimado Maestro espiritual, Isaac Shapiro, estudioso de la Cabalá fundador de Creando Conciencia mencionó en uno de sus interesantes seminarios que el traduciría también la secuencia "investigar la tierra" como: *turistear* la tierra.

Efectivamente la simple traducción de diccionario acepta la noción de hacer un *tour*. Realizar una gira. ¡Hasta se parece! *tur turistear*. Recuerdo que Isaac agregó que el concepto del turista nos ayuda a acercarnos a una posición espiritual recomendable. Formidable interpretación.

Así que podemos afirmar que el verbo hebreo *latur* en infinitivo cuya raíz es: *tur*, puede ser traducido como: espiar, explorar, *turistear* realizar una gira.

תור ←

fonética → tur

tur comprende conceptos valiosos como: acercarse a algo y analizar, analizar, buscar, contemplar, enrolarse, espiar, evaluar, un paseo de evaluación, explorar, hacer fila, investigar, observar, vigilar etcétera.

Y todos estos conceptos relacionados se pueden aplicar a la actividad que realizan los turistas: *turistear*. Incluyendo el objetivo del viaje y su realización.

Con algo más. Si utilizamos las mismas letras raíz, las llamadas consonantes y únicamente cambiamos una vocal, la "u" por "o", encontramos que *tor*, es una palabra hebrea relacionada con: interpretar, traducir. Eso significa literalmente.

Y aquí llegamos, amigo mío, compañero de viaje, a un hallazgo asombroso. En lo personal me llena de emoción y alegría escribirlo. Lo comparto con respeto y admiración. Con el deseo esencial que te sirva realmente en tu quehacer cotidiano y que ayude a que integres en tu vida práctica sus innumerables enseñanzas y sugerencias espirituales. Simplemente que observes una buena vida.

El hallazgo personal es un simple recordatorio.

La Toráh de Moshéh es llamada también como la Biblia de Moisés o el Pentateuco (5 Libros).

Cuando se pregunta en términos prácticos ¿qué es la Toráh? se puede contestar, es la Ley de Moisés. Eso es un nivel. Está bien.

En otro nivel, se puede contestar: es la Enseñanza de Moisés. De acuerdo.

Pero en otro nivel podemos observar cosas maravillosas.

En Hebreo se escribe:

← תורה

→ toráh

Lo escribo en con esta letra ‹ h › porque en enseñanzas cabalísticas esta letra: ‹ h › la letra *hei*, representa en un nivel, este mundo físico. El Reino. El lugar físico donde tu y yo estamos. Por eso insisto en escribir en Español: toráh, moshéh, (escribiendo su *hei* original) porque esta letra, como cada letra en la Biblia de Moisés, es esencial. Basta decir aquí que las letras contienen grandes cantidades de información y transferencia espiritual. Son bloques de construcción.

Y si son las mismas letras que *tor* y *tur*, entonces Toráh puede incluir en su traducción:

los turistas regresan de nuevo

Investigar el mundo físico.
Interpretar traducir/analizar este mundo.
Y ¿porque no? *turistear* este mundo.
Vale la tinta el reescribirlo.
¿Qué es la Toráh?
Investigar el mundo físico y espiritual.
Interpretar traducir/analizar este mundo.
Turistear este mundo.
¿Y para que investigar este mundo? Para descubrir esa chispa divina. Para descubrir al Creador y alabarlo.

En la Toráh, están todas las indicaciones para poder realizar nuestro viaje a esta vida física de una manera espiritual y lograr nuestro objetivo. Nuestro objetivo "turístico" de análisis, interpretación y actuación.

En un nivel, nuestro Libro Sagrado es también nuestro guión espiritual, nuestra lista de tareas espirituales pendientes o por mejor decir, la lista de sugerencias a realizar.

Una de ella es analizar, investigar nuestro mundo. De aquí que toda la labor científica y su gran deseo por analizar e investigar, sea una actividad esencial y altamente espiritual. Además de ser una sugerencia básica. El anhelo de examinar la materia y adquirir nuevo conocimiento (espiritual) es parte toral de nuestra estancia en este mundo. Toral viene de Toráh.

La Toráh es entre otras muchas cosas sagradas todas, nuestra guía esencial en esta vida. De nuestro viaje a esta experiencia física. Viajar a este mundo estar aquí en esta experiencia es toda una bendición aunque a veces haya varios elementos para casi creer algo diferente.

En el nivel literal de la palabra, en el nivel más físico, viajar es siempre un acontecimiento muy importante, una posibilidad de elevación y reparación espiritual, una oportunidad para avanzar, saber, conocer y compartir lo recibido. Para realizar tareas pendientes aunque no lo sepamos en su momento. Regreso de nuevo a los turistas.

2/los turistas regresan de nuevo/2

El viajar es una las experiencias que nos elevan más espiritual, cultural y humanamente. Claro, respetando a aquellos a quienes no gustan de esta emocionante experiencia. Los viajes son muy importantes para nuestra vida espiritual los cuales encierran grandes cantidades de información. Viajar es una de las experiencias más elevadas.

Reitero, hay diversos tipos como el contemplativo, el de vacaciones a la playa por ejemplo, generalmente más reposado, con menor actividad intelectual y las características naturales que el viaje impregna. Es muy interesante. Y de respeto evidentemente. Como lo merece de igual forma el viaje tipo adormecido, en la línea con la ebriedad congelante, donde el turista no recuerda que está de viaje, o sencillamente dónde está. Con dificultad puede articular palabras. Claro, si este turista puede pronunciar palabras de cariño y amistad es algo muy bueno. Todo viaje merece respeto. Los turistas más.

A nivel personal el viaje promedio referido es del tipo que abarque una mayor actividad espiritual, cultural, de trato humano, divertido, cómodo, alegre. De aprendizaje realización y experiencia maximizados. Un buen viaje.

los turistas regresan de nuevo | 89

¿Por qué es tan importante viajar?

¿el realizar este viaje y el experimentarlo adecuadamente? Escribamos 22 aproximaciones esenciales.

○ Te da la oportunidad de agradecer al Creador por tan bella oportunidad. Oras por agradecimiento y oras por regresar bien.

2 ○ Te das cuenta que el mundo está lleno de bendiciones observables. Que el mundo es bello, hermoso posible de conocer. Que la Creación es majestuosa. Que la Co-Creación, lo hecho por la humanidad, por la civilización, es sorprendente.

3 ○ Que los temas para estudiar y aprender son abundantes. Generalmente el turista está siempre dispuesto aprender, el grado es personal. Hay posibilidad de: visitar museos, exposiciones, parques; ir a conciertos, obras de teatro, conferencias. Saboreas nuevas comidas y bebidas. Comparas costumbres. Te das cuenta de los logros humanos y los errores históricos humanos. Del ego de la cultura. O por mejor decir, del ego de algunos humanos. Un viaje es también un curso de cultura y civilización.

4 ○ Te brinda una oportunidad de valorar la salud en general. Hay que estar en excelente estado físico para sacar provecho de la estancia y de los momentos clave.

5 ○ Detrás de cada viaje aparecen cosas nuevas, inesperadas. Siempre hay una sorpresa dentro de otra. Puedes experimentar escenas extremas. Paradójicamente contrarias. Por alguna causa "accidental" puedes extraviar maletas y documentos e insertarte en una prueba espiritual con apariencia dramática, llevándote a momentos de un sentimiento de baja libertad y de austeridad desgastante. Descubres lo efímero de todo pues de repente todo se arregla y vuelves al aparente nivel anterior. También puedes explorar habitaciones de lujo y riqueza extraordinarias. Situaciones y atmósferas que no imaginaste experimentar. Luego regresas al guión original del viaje.

6 ○   Conoces una diversidad de humanos y a la vez confirmas que la humanidad es una sola; que el humano es uno; que tal vez haya algunos obstáculos de comunicación e interpretación pero que somos esencialmente uno. Esto incluye un bono extra: el deseo de comunicarse impregna el deseo de conocer idiomas nuevos. Asimismo aprendes que cada humano es único diferente.

7 ○ Practicas la tolerancia en altos niveles. Recibes lecciones de tolerancia. Cómo tolerar al prójimo. Diario estás expuesto a esta prueba de convivencia sobre todo cuando estás acompañado. Incrementas tu nivel y la noción personal de respeto, de humildad, de amor *alprójimotuyo.*

8 ○   Hay la posibilidad de conocer más a fondo el concepto de ayudar. Sobre todo si te encuentras en situaciones no gratas. Pides ayuda. Recibes ayuda. En casos de estos "pequeños accidentes" por ejemplo al perder cartera, documentos, maletas se vive con lo mínimo y necesario. Se descubre la austeridad y lo valioso que es ayudar. Te acercas al conocimiento de la bondad, la severidad, el conocimiento de las personas y la misericordia del Creador. Experimentas el dar sin esperar mucho o nada.

9 ○   Practicas la resistencia a cruzar los límites locales. Respetas límites. Administras bien tu energía. Si comes de más, entonces haces ejercicio de más. Al principio puedes comer de todo pero turistas experimentados vigilan bien su dieta. Gastas lo que tienes, lo que puedas gastar. Claro, si gastas de más, vas a experimentar dolores de más.

10 ○   Tienes enfrente una muestra de libertad de elección "engrandecida". Y es a la vez una gran prueba diaria de elección correcta. A cada momento hay la oportunidad de elegir: lugares, palabras, comidas.

los turistas regresan de nuevo | 91

no es bueno para el turista viajar solo

11 ○ El viajar acompañado y/o en grupo es altamente recomendable. Es una prueba inmensa de tolerancia, convivencia, respeto. En independencia de ser más seguro y divertido. Además es la recomendación básica: viajar en grupo, en *tour*, con amigos, si es con tu esposa/esposo y/o hijos ¡magnífico! Claro hay excepciones que obligan viajar solo. De acuerdo. Pero cuando puedas, toma un *tour*. Ya casi en todas las ciudades medianas y grandes cuentan con camiones turísticos. O bien contacta un guía, hazte de un asesor turístico.

12 ○ Realizas contactos primarios de amistad. Te contagias de la noción de amistad, amor, benevolencia. Recibes la oportunidad de hacer conexiones espirituales, intelectuales, de tiempo y espacio.

13 ○ Al viajar tu nivel de conciencia se amplía. Estas alerta. Purificas tus sentidos. Aprendes a ver mejor, a escuchar mejor, a expresarte mejor. Estas en contacto constante con la alegría, con el optimismo, con la fe. Sabes que estás ahí y sabes que vas a regresar. ¡Hay que recordar que estás de viaje!

14 ○ Las experiencias negativas y los momentos desagradables amargos los observas minimizados. Generalmente te conectas al perdón y a la aceptación. Tu perdón hacia esos detalles negativos está incluido sobre todo durante las escenas últimas en la terminal, previas al "hasta luego".

15 ○ Maximizas los momentos. Cada momento. Valoras tu tiempo y aprendes en la práctica valorar el de los otros.

16 ○ Se ofrece el pensamiento de resaltar lo bueno de tu lugar de origen, de tu casa, de quienes te esperan. Observas el valor de lo que posees y no posees. Constatas y aprecias la abundancia. La porción que tienes. Es bueno apreciar tus valores. Asimismo incrementas el deseo y práctica de la hospitalidad.

17 ○ Generalmente ese viaje, impregna tu vida por siempre. Y contagia tu habla. Tus palabras ya no son las mismas. Tu plática mejora sustancialmente.

Viajar es una gran oportunidad espiritual. Un viaje puede ayudar a transformar tu vida. Puede *efectar* parte o toda tu vida espiritual.

18 ○ En un viaje puedes realizar las tareas espirituales pendientes que no hayas hecho por muchos años. O al menos puedes alcanzar el deseo de realizarlas. Incluido el deseo por comer mejor. El deseo por hablar mejor. El deseo por ordenar y separar cosas, conceptos, ideas. Contemplar la finalidad del viaje, el objetivo, la esencia espiritual. Pero para realizar tareas es importante una guía adecuada.

el guía es consejo básico

Trata de conseguir un guía adecuado. No escatimes dinero o tiempo para conseguirlo. Un buen guía de turistas te va a ahorrar tiempo, dinero, sufrimientos innecesarios, te va ayudar a que aproveches mejor el tiempo, tu vida, tu salud. Simplemente te va a ayudar.

El guía de turistas es esencial para cualquier persona que desee obtener lo máximo de su viaje de turista. Hay de todos los matices. Trata de buscar el adecuado para ti. Y para tu tipo de viaje. El papel que juega tu guía de turistas es determinante. Si hay un personaje importante en toda la historia de tus viajes es tu guía. Quien te da todos los datos, consejos y avisos necesarios para que tengas la información correcta, tomes la decisión más adecuada para que tu vida de turista y tu estancia en ese lugar sean lo más provechosa posible. Precaución: una guía inadecuada es terriblemente dañina. Cuidado.

19 ○ Este tipo de viaje, te ayuda a recordar que vas a regresar. Y trata de no olvidarlo. No pierdas tiempo y energía deseando el lugar donde no estás. La idea es no quedarse atrapado demasiado

tiempo en algún pensamiento o en algún lugar. Aprecia tu tiempo. Claro, se puede improvisar. Y la improvisación trae nuevas sorpresas. Trata de no dejar pendientes. Si hay algo que hacer: ¡hazlo! Cerciórate que sea lo correcto.

20 o Algo pesado de recordar frecuentemente: viaja ligero. Pocas maletas y ligeras. No compres muchas cosas. No las cargues. Viaja con lo necesario. Trata de no comprar o adquirir todo lo que ves. Salvo casos excepcionales podemos afirmar que ningún turista se le ocurre comprar el palacio o el museo que visita o llevárselo a su ciudad. Ningún turista quiere poseer el hotel donde se hospeda o comprarlo y trasladarlo a su jardín (claro, salvo Don Carlos y sus Amigos).

21 o Trata de no discutir. Simplemente comparte tu conocimiento y experiencias. Ningún viajero turista experimentado se mete a una polémica con sus compañeros de viaje para aclarar que ese parque o bosque está horrible y que: "… ¡para jardines mi ciudad! esos son los más bellos del mundo…" aunque pueda tener algo de verdad. A menos que esté con algunos mililitros etílicos de más o haya sufrido un ataque de ego, del informante malo.

Por supuesto que estas aseveraciones tienen sus matices y es determinante el conocimiento espiritual o nivel de conciencia al que se conecte el turista. Gracias a la libertad que existe cada turista realiza los consejos que crea son los adecuados. Depende también la edad del turista. El conocimiento biográfico personal. Su resistencia a pasar los límites, etcétera. Por ejemplo en el caso de las sugerencias de viajar ligero y no comprar todo lo que se vea, un niño va desear llevar todo de ese lugar para mostrarlo a sus amiguitos. Un turista debutante va desear llevar parte del hotel a su casa. Los turistas medios van a querer comprar *souvenirs*, recuerdos, muestras físicas que demuestren su presencia de aquel lugar. De aquel bello, inolvidable, maravilloso lugar.

Otros simplemente recuerdan, comparten sus experiencias y sobre todo cumplen el objetivo de su estancia.

Por supuesto que las características aquí presentadas corresponden a un viaje de aprendizaje. Un viaje de estudio y tolerancia. De constante perfeccionamiento. Remarco esto, porque desde lo espiritual **la vida es** precisamente: **un viaje de estudio, tolerancia y perfeccionamiento.**

el incómodo adiós

22 o Prepara el regreso y coloca los cimientos del próximo viaje. Todos los turistas promedio sabemos, que el viaje es personal y temporal. Que todo ese viaje es transitorio. Los turistas sabemos que vamos a retornar. Nos guste o no. Simplemente lo sabemos.

Y los turistas experimentados saben que un momento llegará y habrá que estar en el vehículo apropiado para emprender el retorno. Todas esas veces que fuimos a despedir a un ser querido a una estación, nos preparan un poco para saber que un día nosotros estaremos en el papel de viajero, o de turista que regresa. Ese papel lo hemos hecho ya alguna vez. Casi siempre es en forma de melodrama, a veces con genuinas y sinceras lágrimas en los ojos. La despedida es tan dolorosa como el conocimiento espiritual que posees de que eres turista que hay que retornar y que todo es transitorio. Es proporcional.

Sin embargo, de todas formas una despedida genera una dosis de dolor. Como diría un apreciado amigo japonés en una despedida citando un proverbio de su entorno espiritual: *"...ell plincipio de tolo encuentlo, es ell plinciplio de laa sepalación...".*

"El principio de todo encuentro es el principio de la separación."

Algo dramático, fuerte, pero así es. Y así es muy bueno. Un Sabio del Zohar recordaría: "El final es como el principio".

Así es en los viajes. Así ocurre con los turistas. Y así ocurre con la vida. Por eso a veces en esas estaciones, esas despedidas fuertes, pueden considerarse como señalizaciones de capítulos completos. Cada estación puede ser tomada en cuenta como el inicio de una vida completa. O una vida dentro de una gran producción de vidas.

¿Qué diferencia existe entre que sea un capítulo dentro de una historia a una historia dentro de una vida, o una vida dentro de muchas vidas? En términos prácticos, realmente es muy poca. O casi nula. Depende de tu percepción. Depende de ti. Realmente depende de lo que sabes y lo que haces.

Parece que la alerta a recordar es no olvidar el objetivo de la escena, del viaje, de la vida.

Los Sabios indican que realmente eso sucede con nosotros en este viaje. El Zohar y sus estudiosos han repetido que en la concepción y durante la gestación se nos enseña toda nuestra instrucción espiritual y al momento del nacimiento físico se nos hace olvidar nuestro objetivo final, el punto luminoso, nuestra misión espiritual en esta vida.

Varios cuentos de gran enseñanza espiritual, los Jasídicos por ejemplo, relatan aventuras de personajes quienes olvidan su objetivo y por consiguiente el valor de su alma, de su vida. Entonces pasan una serie de aventuras y calamidades dignas de un héroe. Pues la realización del objetivo espiritual de cada humano, es decir la elevación por "pequeña" que sea es digna de un héroe. Unas palabras de perdón y arrepentimiento son más elevadas y requieren más valor, fuerza y coraje que el derrumbamiento de murallas y la conquista de las ciudades antiguas y medievales. O por mejor decir hoy, más sublimes que la exploración misma del espacio.

¿Qué representa más fuerza, elevación y realización espiritual, las operaciones de observación de una estación espacial o pedirle perdón a un prójimo cercano?

¿Estudiar y vigilar los asteroides que amenazan con deteriorar los anillos de Saturno o cuidar y atender a los huérfanos y a las viudas y a los desprotegidos?

¿Meditar en profundidad las consecuencias de nuestro Sol y su posible fallecimiento dentro de 5 millones años o brindarle dignidad al prójimo de enfrente en este momento, ahora para que no empiece a fallecer en unos minutos?

Lo más simple espiritualmente es más elevado que observar una aventura espacial unidireccional, sin enemigos, sin oposición, ni contratiempos.

Hay momentos de tal simpleza espiritual que solo se requiere agradecer, orar y reconocer esa chispa divina que tiene el humano de enfrente: el prójimo. El ayudarlo es una acción espiritual más elevada. Y requiere más esfuerzo, arrojo, valentía.

Oro por que lo podamos hacer en esta vida.

Deseo que tu también ores y actuemos por ello.

Ese reconocimiento es parte del viaje y del regreso.

gilgul
la rueda de la fortuna

bioconciencia

secuencia 8

o/más famoso: **reencarnación**

gilgul la rueda

los turistas regresan de nuevo | 99

Similar a un viaje de turista temporal, nuestra estancia en esta vida, en este mundo físico es limitada. Cada vida tiene cierto tiempo. Unos dicen que la estancia es muy corta, otros dicen es larga, otros exacta. La duración depende de la misión espiritual personal.

La misión espiritual es simplemente nuestra rectificación, purificación, reparación. El grupo de tareas espirituales pendientes.

Dicen los Sabios que estamos aquí para arreglar lo que no pudimos arreglar en vidas pasadas. O vamos facilitarlo: arreglar o mejorar lo que no hicieron nuestros ancestros. Más fácil aún: arreglar lo que desarreglamos en nuestra vida hace algún tiempo.

Simple: arreglar lo que hay que arreglar hoy.

Hace algunos años pregunté en una Universidad si había cierta materia de Antigüedad y me contestaron que no estaba contemplada en el Plan de Estudios, que era muy interesante y algunas veces se ofreció algo semejante como materia opcional, pero ya que no encontraban alguien calificado para impartirla, desde hace tiempo no existía la posibilidad de estudiarla. No había ya nada parecido.

Percibo que ocurre algo similar en el concepto de Vidas Pasadas. Es una materia básica para espiritualidad, esencial, pero como en esta llamada Civilización Occidental no es tan sencillo encontrar quien la imparta por algún motivo muy bueno muchas tradiciones mejor la han ocultado del plan de estudios o de la lista de materias esenciales. En otros lugares no-occidentales, los niños hablan de vidas pasadas, en la calle se comenta, es algo inherente al desarrollo espiritual. En esta parte de mi mundo no es así. Está bien. Es parte de nuestro proceso.

En espiritualidad el concepto de vidas pasadas y futuras se resume en un término muy famoso: Reencarnación. Cuando comento este tema a personas que no han tenido contacto previo con este concepto, percibo una cara que pasea del asombro cierto escepticismo a la incredulidad en la frontera a veces con la repugnancia.

Y no es para menos. El término en Español no es muy afortunado. No es muy adecuado pues es se trata de un proceso esencialmente espiritual y la palabra está relacionada con algo físico (la carne).

Es como si al nacimiento el enfoque estuviera puesto en la placenta y lo nombráramos como: *desplacentarse*. ¿Tu crees en el proceso de *desplacentarse*? ¿En cuál fecha te *desplacentaste*? Está áspero este acercamiento.

El término Reencarnación pone el acento en la parte física, y causa en algunas personas un rechazo, asombro, incredulidad repugnancia. Y estoy completamente de acuerdo. Además como diría una amiga británica: "...*it is disgusting!*...". **Pero la esencia de este asombro e incredulidad reposa en una información no compartida.** O por precisar, es una materia que simplemente no se imparte.

El regresar espiritualmente es simplemente una oportunidad. En términos escénicos es la toma extra para pulir la secuencia a corregir y perfeccionar nuestros rasgos a cambiar.

Desde el punto de vista espiritual, el nacer es renacer. Renacer está incluido en el bello, impactante y maravilloso acto del nacimiento.

Al proceso de nacer y renacer es llamado por nuestros Sabios: *gilgul* en Hebreo.

gilgul es el proceso de fragmentación y desarrollo espiritual de la humanidad. Y es conocido por varios nombres. Reencarnación, el proceso de vidas pasadas, el viaje a una nueva vida turismo espiritual.

Los ciclos, la parte cíclica del alma, el retorno. Además que los ciclos tienen que ver con las ruedas y éstas con las esferas. O algo intelectual y sonoramente impresionante: la transmigración de las almas. El proceso de la Rueda.

Ahora bien, una vez "aterrrizado" el nacimiento, el proceso de vida es conocido como misión y/o objetivo espiritual. Este objetivo incluye a su vez grandes y variados conceptos relacionados. Tan grandes como: corrección, misión, objetivo. *tikún* en Hebreo reparación, *karma* en Sánscrito acción oportunidad, arreglar lo desarreglado.

En lenguaje más simple, la vida parte del proceso de la Rueda es la tarea pendiente a realizar. O el grupo de tareas espirituales pendientes. O por mejor escribir, la posibilidad de realizarlas.

Nacer renacer es otra puesta en escena. Con otro vestuario, diferente ropaje, tal vez parecido al anterior por las leyes de herencia y diseño. Aparentemente otro escenario, otro guión y la oportunidad de ensayar y debutar. Espiritualmente es el mismo guión, las sugerencias matizadas, los mismos actores.

El regreso no es cíclico solamente, puede ser percibido como una rueda ascendiendo en una espiral. Son los dos conceptos unidos y avanzando a velocidad espiritual. Cuando decimos que se repiten las cosas, hay que matizar pues la persona no es la misma y el entorno no es igual. Con mucho cuidado y con inocencia genética se puede escribir que es parecido al movimiento y transmisión del *adn* físico. Y aquí cabe mencionar que así como tenemos un *adn* físico, hay un *adn* espiritual, y a mis ojos, ambos *adn* no corren al mismo tiempo. Habría que estudiar Historia Espiritual y algunas leyes de *gilgul*.

"¡Válgame!" como diría una amiga vecina de Texcoco.

Pero la práctica es más fácil que la teoría.

biotaller
de ensayos

Voy a escribir un relato ficción para ensayo con base en la vida real e interpretaciones diversas reales, con el fin de acercarnos al concepto *gilgul* proceso de purificación y prácticamente a las tareas pendientes.

la mujer y el hombre
relato

Una mujer de edad adulta está pidiendo dinero. Su aspecto físico está algo descuidado y deteriorado. Pasa un hombre con apariencia saludable y adinerada, la ve con cierto asombro. La mujer se acerca y le extiende la mano para recibir algunas monedas. Su cara está implorando misericordia. El hombre se retrae, hay signos de repugnancia, se inquieta y empieza a retirarse. Se detiene, reflexiona, regresa. Extiende su brazo y abre su mano. Con la mano derecha le da unas monedas. La señora las recibe con la izquierda. Con palabras bien pronunciadas y una certeza pura, lo bendice. Ambos se miran y con una alegría silenciosa se despiden.

Simplemente es el tema de una mujer pobre que recibe con alegría y un hombre rico que finalmente da bondadosamente.

Un estudioso de pre-primaria espiritual y del proceso de *gilgul* y tareas pendientes se preguntaría, ¿por qué la mujer está en esa situación? Y una respuesta de primaria es: porque en una vida pasada era rica, administraba inadecuadamente su riqueza, practicaba la avaricia, su riqueza le fue retirada y hoy tiene que pedir. Causa y efecto a nivel básico. No es castigo es simple causa y efecto. Y es parte de una respuesta seria, de acuerdo.

Pero si investigamos un poco más su biografía, se nos revela que su mamá y su abuela corrieron vidas similares. No en un plano cíclico sino más bien espiral. Es decir, realizaron algunos avances. Su mamá y abuela habían gozado fortuna económica y hubo momentos que tuvieron que pedir caridad. Hubo ciertos avances pero también retrocesos. El estudioso joven rápidamente diría: "Bueno, lo que ocurre que es una tarea pendiente de muchas vidas pasadas. Se trata de reparar los rasgos de avaricia y en alguna vida muchos fueron a pedir su ayuda y ellas se negaron. La tarea pendiente se repite una generación a otra." Puede ser otra parte más de la respuesta.

Ahora pongamos el enfoque en el hombre que da.

El estudioso preguntaría: ¿por qué ese hombre está en esa situación?

El alumno de *gilgul* diría primero: "...porque da caridad. Y la caridad le ha permitido reparar la tarea pendiente de la avaricia. Este rasgo le ha permitido el mérito de recibir más. Además, su tarea no radica en dar. El que le pidan es solamente una prueba constante. La tarea del hombre reposa en su tolerancia, pues la donación la realizó con cierto aspecto de intolerancia hacia la mujer."

Si buscamos un poco más en su biografía encontramos que es un rasgo repetitivo en su familia. Además que algunos fueron en varios momentos muy pobres. No les gusta que les pidan y no toleran a los pobres. Se sienten orgullosos de su riqueza. Entonces diría el estudioso ya iniciado con base en lo leído, "Claro, es una tarea repetitiva que no se ha resuelto. Constantemente tienen pruebas de tolerancia. Pero la caridad los salva. Quizás en otra vida los papeles estaban invertidos. El hombre era el pobre, la mujer la que administraba la riqueza." Buen acercamiento a la respuesta.

En un nivel básico, el proceso de *gilgul* puede captarse como causa

gilgul la rueda

y efecto. Aclarando que no todo lo que ocurre en nuestras vidas es una prueba o purificación. También estamos construyendo el futuro. Además, en espiritualidad no lo podemos saber todo. La materia dijimos, es amplia y elevada. Para nosotros. Para algunos. Bueno, para mí.

Simplemente observemos el caso del hombre y la mujer, quien pide y quien da, y tratemos de no juzgar. Por más pruebas ante nuestros ojos que se presenten para dictaminar algo, la recomendación es no juzgar. Cuando estemos en el papel de dador es bueno aprovechar la oportunidad y compartir. Cuando estemos en el papel opuesto hay que pedir ayuda. Dar y pedir ayuda son acciones espirituales importantes.

Y aquí aparece una pregunta de primaria.

¿Porque algunas cosas parecen repetirse en nuestras vidas?

A nivel personal, familiar, de comunidad de país (…).

Para mí, es aventurado escribir una respuesta exacta.

Sin embargo, hay algunas sugerencias que nos pueden ayudar a acercarnos. Además las cosas que parecen repetirse están muy ligadas a las tareas espirituales pendientes, a pruebas espirituales que nos tratan de elevar y actualizar una vida nueva.

Antes de continuar un descanso para aclarar algo.

tiempo libre para cátedra libre
biodatos

Efectivamente, la materia del *gilgul*, es de alta responsabilidad y contiene un elevado grado de dificultad su acercamiento. Siempre lo ha tenido. Son revelaciones de altas esferas espirituales. Secretos que han ido pasándose de maestro a alumno por miles de años.

Desde mi perspectiva a causa de mis estudios personales **siento que el más prolífico, confiable, quien tiene la autoridad para** hablar e impartir esta materia básica espiritual, es el conocido Maestro Cabalista Isaac Luria llamado el Arizal.

Su vida física ocurrió hace cerca de 450 años entre Jerusalem y Safed (en Galilea). Como todos los Maestros de su estatura escribió poco o nada, recibió reveló mucho y sus alumnos escribieron todo lo posible. A él se le atribuye básicamente la transmisión y el acercamiento popular a la **kabaláh**, esta otra materia esencial de espiritualidad. También por ello constantemente criticado. Asimismo, tuvo fuerte oposición, normal para cualquier gran Maestro. Sus escritos y revelaciones son elevadas matemáticas espirituales. Y para la mayoría de nosotros no son de fácil estudio, ni necesarias su comprensión. Es como intentar preguntar en la NASA más cercana, si nos recomiendan a algún astrónomo para que nos explique la función holomórfica, cuando lo inmediato a saber es cuántas naranjas necesitamos para 250 mililitros de jugo para la dieta. Es decir, necesitamos aritmética más simple. Consejo + Suma y Resta.

La vida es más simple.

Menciono que el Maestro principal de esta materia es Isaac Luria el Arizal, pues cuentan que él, el Baal Shem Tov (otro Maestro, fundador del Jasidismo) y después algunos maestros ocultos tenían el regalo espiritual de con el simple hecho de observar leer la cara de la persona, podían revelar y algunas veces compartir donde radicaba la reparación exacta del alma de sus alumnos y seguidores. Es decir su tarea pendiente esencial. Podían leer el alma de la persona y encontrar su reparación exacta. Este regalo espiritual era de inspiración divina, no era con base en estudios, o injerencias de simple causa y efecto.

Solo lo tienen algunos Grandes.

Cuidado.

Cabe recordar que es muy importante para nuestra vida física y espiritual saber qué cosas necesitamos corregir. Cuál o cuáles son nuestras tareas pendientes. Nuestros rasgos a transformar y las acciones luminosas a realizar. Grandes Sabios recomiendan simplemente un gran consejo: **hay que saber casi con exactitud a qué vinimos a este mundo.** Es uno de los secretos espirituales más elevados.

Es decir cuál es nuestra misión espiritual. **Cuál es nuestra tarea pendiente a realizar.** Saberla no es tan fácil. Es necesario un gran mérito para acercarse a ello a nivel personal. Es con base en un gran trabajo espiritual para que observemos la revelación continua (y en dosis pequeñas) de este conocimiento. Es lo que se conoce como conciencia espiritual, información espiritual. Pues el humano, el ser hablante de la Creación, en promedio no tenemos esta conciencia. Es parte de nuestro quehacer el descubrirla, a diferencia de otros creaciones como lo enseña el Arizal. El mundo mineral, vegetal y animal tienen conciencia de su alma. Saben de dónde vienen, a Quien agradecerle e información de vidas pasadas. Es decir conciencia de su biografía espiritual, de su *gilgul*. Y por inferencia de estas enseñanzas se pueden escribir dos cosas esenciales:

a) a mayor conciencia espiritual menor libertad, menos libre albedrío.

Una piedrita tiene menor libertad que una planta, un vegetal tiene menos libertad que un animal, y éste mucho menos que la humanidad.

b) a mayor libertad más grande el peligro de distracción y olvido de nuestro objetivo.

Realizar nuestra misión espiritual nos acerca a la paz anhelada.

Y regreso a la pregunta. ¿Porque algunas cosas parecen repetirse en nuestras vidas? A nivel personal, familiar, de comunidad, país (...). **¿Porqué se repiten ciertas escenas?** ¿Por qué se presentan

los turistas regresan de nuevo | 107

estas pruebas espirituales?
Estas son 10 observaciones y acercamientos de bioconciencia.

⸘ Primero, exactamente con precisión aritmética no lo vamos a saber. Solo lo *Más Elevado* lo sabe por decirlo así. Sabemos muy poco. Es sabio aceptarlo.
Pero si la persona ora por ese conocimiento y trabaja espiritualmente, quizás se acerque. Este saber es personal. De aquí para abajo se desprenden mas acercamientos.

⸘ Se repite, porque aún no está reparada la prueba. La repetición es una prueba espiritual. Es la tarea espiritual pendiente de la persona de ese tipo de alma. La persona hace su mejor esfuerzo, llega a ciertos resultados y necesita prepararse para la siguiente. Es decir la prueba va siendo superada por etapas, grados, actualizaciones. Atención.

⸘ Se repite también, porque a veces suceden cosas para purificar a la persona o a quien le *"efecta"* esta repetición. Hay cosas por las cuales debe atravesar el humano para su purificación/rectificación. Algunas de ellas un tanto dolorosas. Escenas con sabor y apariencia amargas. Todos estamos en un proceso de purificación, reparación, de tareas pendientes. Todos.

Claro, cuando uno es el *"efectado"* uno desearía gritar que no está de acuerdo con lo ocurrido. Hasta querer hablar con el gerente para hacer una fuerte reclamación. Es válido hacerlo. Es más, es recomendable. Solamente la persona que siente ese dolor, sabe de qué se trata esto. Ese dolor no arreglado puede convertirse en enojo, cuidado. Es mejor realizar una labor espiritual adecuada. El dolor personal a veces es intenso y merece consideración, necesita repararse.

⸘ Se repite porque en general la persona cree que puede sola, con su conocimiento e intuición, mientras la realidad es que necesita más información asesoría y ayuda espiritual. Un constante trabajo espiritual, un *upgrade* espiritual ¡diario!

⸮ Otra posible causa y remedio de las repeticiones negativas, es nuestra propia boca y las palabras que brotan de ella. A veces algunas purificaciones espirituales o situaciones incómodas vienen debido a que en algún momento en el pasado utilizamos con demasiada severidad nuestras palabras hacia algún rasgo o característica negativa de alguien. Tiempo después nos encontramos en una situación muy similar a la que juzgamos. El remedio una vez más, es tratar de no emitir algún juicio sobre una situación, o dictaminar algo severo contra una persona, aunque todo indique que "se lo merece". Esto también es habladuría. **Cuidado**. Precaución con lo que decimos. Las palabras pronunciadas crean vasijas. Tratemos que estos recipientes sean adecuados para recibir bendiciones. Y las bendiciones se construyen con las palabras adecuadas.

⸮ También hay que evaluar el sentirse "orgulloso" por la inteligencia y riqueza que nos ha dado el Creador. Este orgullo puede llevar a olvidar la esencia espiritual de los regalos que gozamos y nos orille a repetir alguna tarea pendiente. Cuidado. Modestia y recato sugieren los Sabios. Estudio, consejo, equilibrio. Oración, donación, elevación espiritual son los 3 antídotos esenciales.

⸮ Bueno, también se repiten porque gracias a Dios ¡el mundo es libre! Y la persona se conecta a lo que desea y puede conectarse. Puede conectarse a lo más sublime de su alma, a lo más fino y luminoso de sus pensamientos, o a lo más positivo de su *adn*.

Muchas personas creen que no tienen libertad libre albedrío y sus hábitos las adormecen literalmente. O bien tan solo no hacen contacto con este conocimiento. Entonces creen firmemente en la idea errónea de que no pueden cambiar, ayudar, actuar. Pero la realidad es que hay una libertad inmensa sobre todo en bajos niveles y si las personas hacen algo es porque ¡así lo desean!

los turistas regresan de nuevo | 109

O porque no pudieron vencer a su informante malo. Gracias a esta libertad espiritual la persona hace lo que cree es mejor. Y si escucha o lee una serie de consejos, sugerencias y ofrecimientos, realiza lo que cree conveniente. Unas cosas las cree, otras no. Unas las lleva a la práctica, otras no. **Pero si se conecta un poco a la espiritualidad, se detiene un instante, medita, ora, puede realizar las acciones correctas y dejar de hacer las inadecuadas** las repeticiones negativas.

En el relato de la mujer y el hombre, en términos simples y meramente físicos de causa y efecto algunos podrían agregar que la pobre está pobre porque así lo quiso, cometió errores y la llevaron a ese estado. El rico hizo lo mismo de manera adecuadamente orientada a obtener riqueza. Es respetable esta opinión pero la observo incompleta. Sería bueno preguntar: ¿y qué fue lo que ocurrió para que la persona tomara esta senda? Y la respuesta es personal. En espiritualidad no es aconsejable dividir nuestro mundo entre inteligentes y tontos. Ese es un nivel de explicación solamente. Hay acciones adecuadas a tomar. Y la elección es individual.

A veces, **los humanos también nos equivocamos.**

⟨ Además, es importante recordar que una parte del humano empuja a que accione de tal forma y caiga en la repetición negativa. **Es su informante malo** su inclinación negativa. Y dicen los Sabios que el antídoto más fuerte para contrarrestar esta vibración negativa es una adecuada **guía espiritual** esencialmente los 5 Libros de Moshéh. **Estoy convencido que muchos pasajes en la vida personal y familiar son matizados por la presencia de un estudio espiritual adecuado para cada caso así como de las acciones luminosas que se desprenden de este estudio.** Nos han recordado la receta por 3,300 años y algunos más.

Esta repetición en ciclo/espiral de ciertos rasgos, se matizan con el acercamiento personal a lo espiritual acompañado del deseo de transformación. Escribo ciclo/espiral porque no es un movimiento solamente cíclico. Cíclico sugiere una repetición idéntica, pero las pruebas no aparecen exactamente de igual forma. Diferencias sutiles de tiempo y espacio marcan la biografía del individuo. Ciclo/espiralmente, la prueba se presenta de nuevo.

⟨ También ocurre que algunas personas dicen estar trabajando **espiritualmente** orando constantemente y prendiendo inciensos **pero transforman** sus rasgos negativos **lentamente**. La oración sin transformación personal rinde bajos frutos. Aunque dicen los Sabios que siempre es escuchada.

Pero parece que esta elección de cambiar también es personal. Por lo general la persona desea arreglar las cosas pero no sabe cómo transformar hábitos y **retornar**. Que lo deseemos pronto, con fe y ¡alegría! Que recibamos con bondad este conocimiento.

⟨ ¡Ah! Un recordatorio: a veces la persona cae en escenas y repeticiones muy negativas en prueba constante pues se siente culpable de algo que ve irreparable. No hay una acción inadecuada la cual no pueda ser reparada. No hay acción negativa la cual no pueda ser corregida, purificada, perdonada. **Es más, para eso estamos aquí, ¡para arreglar eso desarreglado! Solo es necesaria la adecuada acción espiritual.** La correcta para cada caso. Claro, si realmente existiera algo grande a reparar, pues a veces la imaginación deteriorada hace que la falta se vea o muy grande o muy pequeña. Un recordatorio extra: no es el de enfrente quien debe reparar la vida solamente ¡también eres tú! yo. Es más, uno es el único que puede hacerlo. Con la ayuda por supuesto del Creador. **Las repeticiones en nuestra vida son pruebas espirituales.**

Y la prueba es una oportunidad de ascenso. ¡Una actualización!

el proceso
otra fácil oportunidad

El proceso espiritual y físico de *gilgul* el proceso del turista retornante, se puede equiparar al actor quien cambia de vestuario vestimenta para salir a una nueva puesta en escena. Las vestimentas son las adecuadas para ese tipo de obra, representación. También se asemeja al turista quien elige y viste sabiamente lo adecuado. Escritores más espaciales y galácticos, acercan este proceso a la idea del astronauta quien necesita de ropaje especial para poder cumplir su misión sideral. Vale mencionar que nuestro cuerpo contiene todo el equipo espiritual/físico necesario para poder cumplir nuestra tarea en este mundo.

En estas líneas, lo acerco al proceso del turista, quien igualmente tiene un plan y objetivo al realizar su viaje. Y donde uno de los peligros más grande y popular es no recordar la tarea completa a realizar.

lo simple
biotaller

El proceso espiritual del turista y su tarea, se nos revela en el simple acontecer de nuestra vida. Como todo individuo está en relación con otro, cada encuentro, cada relación humana, cada suceso está ligado a la escena del rico y la pobre. El que da y el que recibe.

Este proceso de vidas nuevas y vidas pasadas, el que da y el que recibe es también conocido como la Rueda de la Fortuna. Esto también es todo un hallazgo histórico espiritual.

gilgul la rueda

rueda de la fortuna/reencarnación

Reencarnación, el proceso de vidas pasadas y vidas nuevas: *gilgul*, está relacionado con la Rueda. Sus letras (*glgl*) su raíz en Hebreo está relacionada con la rueda, el agua, lo cíclico. Lo sabemos por estudiosos y Sabios. Además de simples traducciones.

gilgul es un concepto que incluye automáticamente a la rueda, el secreto espiritual del nacimiento. Rueda, vuelta, ciclo, regreso. Concepto emparentado al movimiento "cíclico" de los astros. Así que este proceso cósmico también está relacionado con la Rueda de la Constelación, el famoso y tan atractivo Zodiaco.

Los astros, los cuerpos celestes y sus órbitas tienen que ver con la vida nueva y con las vidas pasadas, así como ayudan a su comprensión. Es el proceso de revivir. Renacer es más bien revivir.

En palabras simples, al **reparar** lo desarreglado, uno construye el **revivir** repara una vida pasada y va **construyendo** su vida, la actual y la futura.

Pero retornemos al foco de esta secuencia. El proceso de revivir. ¡El simplemente vivir!

El proceso de revivir, *gilgul* está relacionado con la Rueda de la Fortuna. Tanto en el sentido más simple el cual nos sugiere esa rueda divertida de ferias y parque de atracciones, como en el sentido más elevado y sublime donde rueda es *gilgul* y donde fortuna es adecuadamente más cercano a destino, suerte, **constelación, zodiaco** todos ellos conceptos ligados entre sí.

Un adelanto. Hace cerca de dos mil años, suerte, destino y zodiaco estaban unidos en una palabra: *mazal* en Hebreo. Destino es simplemente las tareas espirituales pendientes y su entorno (ver más adelante).

Cuando alguien dice sencillamente como una expresión popular que la vida es como la rueda de la fortuna, está pronunciando uno de los conceptos espirituales más elevados. También es escuchado: "... ¡la vida da muchas vueltas!". No es una ocurrencia solamente popular. Es uno de las grandes secretos espirituales, ahora ¡gracias a Dios! del dominio público.

De igual manera ocurre con la frase popular: "matrimonio y mortaja del cielo baja". Frase que interpreto como mujer y dinero del cielo bajan. No solamente es un proverbio de la sabiduría popular. Un dicho el cual "¡quién sabe de dónde vino!" El encontrarse con la mujer adecuada espiritualmente y la porción financiera de cada uno de nosotros es un regalo de este concepto: Zodiaco, de la Constelación, la ubicación astral, Suerte, Destino. Y por ende y esencialmente: del Creador. De aquí viene la "suerte" del individuo. Insisto no es una ocurrencia del *folclore* de alguna región. Está registrado por Sabios del Libro de la Formación, del Zohar y del Talmud por citar 3 textos esenciales.

La famosa **suerte** es una fina relación personal del individuo con el Creador y las fuerzas espirituales de los astros en el momento de la concepción, nacimiento y hoy. Relación que puede ser elevada, actualizada constantemente. Es muy interesante y bastante seria la disciplina de la Astronomía/Astrología. Puede ocurrir algo similar que con la materia del Proceso del Revivir. La enseñanza y aprendizaje de ambas son de cuidado.

Para fines de este escrito solamente hay que agregar que la Rueda de la Fortuna está ligada esencialmente a dos conceptos: el que está arriba y el que está abajo, representado en el relato anterior como el que da y la que recibe. En términos prácticos, la Rueda de la Fortuna es donde los pobres se vuelven ricos y los ricos se vuelven pobres. Claro, esto pasarlo a la vida personal y comunicarlo por escrito, no es tan simple. Es más fácil escucharlo. O bien observarlo cuando acontece. Precaución.

la rueda

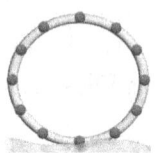

Vamos a imaginar que estamos en un viaje aprovechando este símil literario, y para hacer más divertida la estancia vamos a visitar una gran Rueda de un parque de atracciones. Nos acercamos y nos subimos a ella. Al mismo tiempo que nos hace sentir alegres este emocionante y divertido *tour*, vamos a comentar algunas percepciones de esta experiencia así como sus cualidades.

Hay dos grandes momentos en la Rueda: estar abajo y estar arriba.

arriba

Estar arriba está relacionado con una conciencia amplia, grande. Esta conciencia amplia nos brinda gran visión del panorama donde nos encontramos. Generalmente vemos el mundo con una gran certeza. Nuestro mundo lo podemos observar inmenso, bello, agradable, formidable. Se observa una gran unificación. Todo parece facilitarse. Un peligro frecuente es si alguien nos distrae de nuestra diversión podemos enojarnos fácilmente.

La "primera" vez que nos damos cuenta que estamos arriba nos maravilla y nos llena de alegría tan divertida emoción. Claro, si subimos muy rápido podemos experimentar un mareo.

La gente ha hecho creer que estar arriba es más divertido, por lo tanto, a veces creemos que cuando estamos arriba todo mundo nos está viendo.

A veces alguien ve a quienes están abajo y se da cuenta que están igualmente muy divertidos, o más.

los turistas regresan de nuevo | 115

abajo

Estar abajo es conocido también como el transitar una conciencia reducida, estrecha, pequeña. Una conciencia donde todo se ofrece como no tan sencillo. Es una posición donde hay que esperar y tener paciencia.

Abajo nos limita a una visión más restringida del panorama donde nos encontramos. Podemos ver el terreno con algo de incertidumbre. Percibimos un mundo dividido, fragmentado. Y esto a veces produce malestar. Todo lo vemos a nivel de la tierra, el piso. En el principio observamos algo de fricción, sobre todo en el arranque. Tenemos que acomodarnos bien. Cuando volvemos a estar abajo es algo que intuimos transitorio, y la mayoría sugiere que no es tan divertido como el estar arriba. Precaución con bajar muy rápido, puede causar trastornos estomacales.

Bueno, una aclaración, la atmósfera creada por las creencias de la gente nos ha hecho suponer que abajo no es el objetivo del viaje y por lo tanto estar abajo es visto como desagradable y no recomendable. Más bien es parte del proceso, pues si no desciendes no hay ascenso. En ocasiones la gente de arriba no ve a quienes están abajo. Y cuando abajo, parece que hubiera una tensión atmosférica que genera oposición para ver hacia arriba. Quienes lo hacen se sienten muy felices. Una vez conscientes del proceso otra característica es la sensación que el tiempo no existe y rara vez se escuchan quejas del ascenso y descenso pues sabemos que todo es parte de.

Solamente cuando se empieza a detener y percibimos que es tiempo de bajar de la rueda, sentimos que todo transcurrió muy rápido. Pues sí, el proceso transcurre rápido, afirman los Sabios.

gilgul la rueda

Algunos niños quieren subirse una y otra vez. Y al bajarse, experimentan algo de dolor. Y quienes están abajo los observan y se sienten momentáneamente mal. Como diría una amiga francesa al ver un infante estallar en llanto por tener que bajarse de tan pasajera diversión: *"C'est la vie, mon enfant ¡c'est la roulette!"* "Así es la vida mi niño ¡es la ruleta!". Pues sí, así es.

La Rueda es divertida generalmente. Es la ruleta. Pero la ruleta en Español, tiene otra connotación. Atención.

jugadores & destino

Ciertas ideas, conceptos y títulos implican a la ruleta de la vida la fortuna y hay que señalar ciertas distinciones. Cuando escribo suerte/fortuna/constelación no me gustaría que se confundiera con el azar o la suerte de los juegos precisamente llamados de azar.

Aunque desde el punto de vista espiritual este azar que se juega en loterías y el azar científico provienen de esta Rueda espiritual, es importante escribir algunas aclaraciones y recordatorios pues todos estos nombres están ligados profundamente.

En un nivel el azar es una casualidad estudiado seriamente en Matemáticas, Física, Biología. Discutido en Historia. El azar está ligado a la predeterminación. En Matemáticas incluyen la famosa Teoría de la Probabilidad. Para respetar los límites de estas páginas solamente insisto en que el azar de juegos y loterías tienen su esencia espiritual en el *gilgul*. En la Rueda.

Luego tenemos el tema de la suerte de la persona. Como mencionamos, hace tiempo todos estos temas (suerte, destino, zodiaco) estaban unidos en una palabra hebrea: *mazal*.

Para fines de estas líneas suerte y destino son casi lo mismo. En bioconciencia el destino es simplemente la misión espiritual de cada ser humano. *El objetivo personal del viaje.* Sus tareas espirituales. Estas tareas delimitan el área de actuación donde

los turistas regresan de nuevo | 117

existe la libertad. Así tenemos que cada persona gozamos de destino y libertad. Hay destino y hay libertad. La libertad ofrece la posibilidad de realizar la tarea adecuada.

Regresando a la suerte simple de juegos de azar, el tema es muy divertido y agradable. Sobre todo cuando uno elige el boleto premiado (¡siempre y cuando sea positivo!).

La Rueda espiritual en estas páginas se refiere a que cada persona tiene una biografía espiritual de vidas pasadas, futuras y una vida de hoy. Es un proceso espiritual personal, grupal y de la humanidad en general.

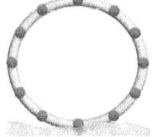

el proceso del turista

En medio de estos dos grandes momentos arriba y abajo hay toda una serie de variantes. Si observamos con más atención el proceso, nos damos cuenta en que la mayor parte del tiempo nos la pasamos en la fluidez del ascenso y descenso. No es posible permanecer mucho tiempo arriba ni abajo.

A veces por no tener información adecuada y subir/bajar rápido o "inesperadamente" sufrimos una desubicación y no sentimos o sabemos dónde estamos. Y de repente a lo lejos intuimos que estamos arriba o a lo lejos alguien nos dice que estamos abajo.

Por lo general en esta parte del mundo, la mayoría de las personas no tenemos acceso a la información de este proceso. Esa decir, no sabemos que estamos en este tránsito, deviniendo, fluyendo.

Hay otras características o conceptos emparentados con este proceso. Arriba está relacionado con la riqueza, la abundancia, el norte, la bondad, lo infinito. Abajo está relacionad con la sabiduría y la paciencia, el sur, la severidad, lo limitado, la austeridad.

Arriba está relacionado con lo espiritual y quien da. Abajo está emparentado con lo físico y el recibir. Abajo es un mundo de apariencias, arriba esta encubierto lo esencial.

Todo está relacionado con todo y cada conciencia está en una relación con otra. Al actuar y entrar en un escenario se establece esta relación: quien habla/quien escucha, arriba/abajo, alma/cuerpo. Arriba está relacionado con estar despierto, vivo. Abajo con no estarlo.

En términos prácticos, una propuesta a traducir en la vida diaria es reducir la distancia entre estos dos opuestos: dar y recibir. No me atrevería a decir que todo aquel que esté arriba va a estar abajo. Aunque estoy a un punto de hacerlo.

Y lo escribo solamente para tomar las debidas precauciones. La idea es prepararse para la bajada y para la subida. Sería bueno engrandecer la bioconciencia, para empequeñecer la distancia entre ascenso y descenso. Entre dar y recibir.

Sugieren los Sabios que a quien pide, hay que dar. Es ir sobre seguro, espiritualmente. **En caso de confusión, duda, malestar acerca de dar a "cierta" persona, es mejor compartir.**

Si hay posibilidades, es mejor dar.

La caridad es una gran conexión espiritual. Es una sugerencia bíblica básica. **Y en una percepción baja, también es un seguro espiritual. Muy barato por cierto.**

Claro, quien avala el seguro es el Creador, tu biografía, tu relación personal con lo espiritual, tus acciones. El dinero es lo más económico que hay. Y el más simple y eficiente conector espiritual. Pero, no es fácil hacerlo. Es más, para quienes están con la tarea espiritual pendiente de romper con la ilusoria posesión del dinero, es harto difícil, no imposible.

Dar es una acción muy elevada. Con una anotación: nadie sabe el tiempo de respuesta benéfica de la elevada acción de dar,

los turistas regresan de nuevo | 119

compartir, ayudar. Por supuesto que estas son unas respetuosas sugerencias. Recordemos que ¡gracias a Dios! el mundo es libre. Hay la libertad de actuar como creas es lo más conveniente. Pero si me permites, escribo otra sugerencia: **trata de dar un poco más**. El vivir, el revivir, las tareas pendientes están íntimamente relacionadas con la caridad, pues *para acabarla*, como dicen en mi barrio, *para acabarla de arreglar* * : **la caridad es una rueda que gira** dicen los Sabios del Talmud.

Rueda, ciclo, vuelta, giro *tour*, regreso. Otra vez.

En la Rueda de la Fortuna arriba está relacionado con la alegría. Abajo con la estrechez de ánimo. Hay personas que se sienten muy contentas al estar abajo. Esta es una posición espiritual muy elevada. Y algunos místicos lo ligan al concepto de la rueda dentro de otra rueda.

En el lenguaje de computación y almacenaje cibernético la idea de un folder dentro de otro folder nos ayuda para comprender estos acercamientos espirituales. Secretos espirituales muy elevados, guardados por miles de años. Como el secreto de estar arriba y abajo. La unificación de lo espiritual y lo físico. Y una de las acciones espirituales más unificadoras es precisamente la caridad. La caridad es un elevador de conciencia, un atenuador de tareas pendientes por errores del pasado.

* *En algunas áreas también se dice: "para acabarla de moler" y moler está relacionado con purificar, refinar, presionar para obtener la esencia de, lo mejor de.*

gilgul la rueda

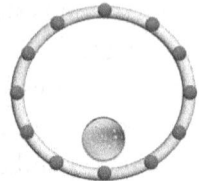

La Rueda dentro de otra Rueda.

Hace muchos años escuché un relato espiritual que mencionaba que quienes pedían por las calles eran como angelitos quienes estaban probando la misericordia de los pobladores de la ciudad. Cada vez que observo a alguien pedir me acuerdo de ese relato. No he escuchado desde entonces algo similar o descubierto su fuente en algún texto. No puedo afirmar nada más. Tal vez sea un relato popular o esté emanado de algún texto espiritual.

Asimismo he escuchado de otros estudiantes avanzados del proceso de vidas pasadas *gilgul* varias advertencias de no emitir ningún juicio y mucho menos emitir algún dictamen sobre personajes, situaciones que se nos presentan en nuestra vida y nos invitan casi de manera forzada a hablar con severidad de su estado y/o actuación. Los ejemplos son muy variados de las dos posiciones extremas, tanto de quien vemos está arriba o de quien está abajo en esta Rueda giratoria. Pueden ser personajes con apariencia o actuaciones muy llamativas: la desafortunada quien pide en las calles de vestimenta andrajosa, la desajustada mental, la mujer quien alquila sexo, el arrendador, el enfermo quien gime de dolor, el avaro quien sufre por dar, quien ve como insectos a los demás o quien simplemente no quiere ver, el alcohólico o drogadicto, el explotador, el vicioso, el corrupto, el tirano (...).

Los *personajes* pueden ser los más variados y excéntricos posibles (incluidos a quienes desprecian una actividad, sea el campo, las finanzas o la administración). La raíz de ellos está en el hombre quien da y la mujer que recibe. Y este concepto a su vez proviene de: el dador y el receptor (quien recibe). Para nosotros, ambos

los turistas regresan de nuevo

requieren esfuerzo y trabajo espiritual.

La sugerencia simple es recordar que en alguna vida anterior pudimos estar ahí, en una posición semejante. Tratar de no juzgar. Mucho menos emitir algún dictamen. Puede ser un seguro espiritual. También estamos construyendo una vida futura.

Hacer un esfuerzo por brindar bondad y compasión.

Dar las gracias al Creador por estar donde estamos. Por poder ayudar o por poder ser ayudado. Contentos con la porción actual.

Hacer un esfuerzo por caminar un paso más y abrir la mano para dejar caer esa moneda, enviar esa donación, ayudar. El concepto de donación también comprende visitar enfermos, dar tu tiempo, brindar auxilio a humanos necesitados como huérfanos, viudas, quienes transitan por un estado de conciencia restringida, desprotegidos, etcétera. Es toda una bendición el poder estar en la posición de ayudar. También de ser ayudado. Además es una oportunidad.

Sería bueno ayudar más. Dar un poco más. Por supuesto, también se necesita de información espiritual para que los *sparks* de esas monedas lleguen a lo más elevado posible.

El dar emana mucha alegría y paz.

¡Alegría y Paz!

la melodía del viaje personal

bioconciencia

secuencia 9

0/resonancias unas notas de la vida

la melodía y sus resonancias

El proceso espiritual de nuestra vida de la Rueda, del *gilgul*, comprende vidas pasadas presentes futuras, y transcurre en varios niveles. Los sobresalientes son dos. Un nivel corre desde la formación de *adam* hasta nosotros. O de *abraham* hasta nosotros. El segundo ocurre en un proceso personal, desde nuestro nacimiento físico hasta este momento. Uno acontece en la historia espiritual de la humanidad, otro está ocurriendo en nuestra biografía espiritual, en nuestra vida.

Sin embargo, las vidas pasadas no son solamente aquellas que ocurrieron hace cerca de 250 o 500 años. Donde la curiosidad espiritual inicial nos hace soñar con la posibilidad de haber sido príncipes, reyes, protagonistas de aventuras marítimas, aéreas, terrestres, así como las contrapartes femeninas. Puede ser. Alguien debió haber sido un rey importante.

Una vida pasada se considera también la de hace un tiempo atrás, cuando ocurrió algo e "inesperadamente" tu vida se transformó. Escribo entre comillas, porque nada ocurre inesperadamente. Si de repente nos vemos sorprendidos por nuestra posición es por algún descuido de información. De lo que se trata es prepararse para las bajadas y para las subidas.

Esa anterior etapa es también una vida pasada. En tu biografía física y espiritual presente. O simplemente por cada acción que eliges realizar, estás adquiriendo una vida nueva. Así hoy, podemos escuchar algunas resonancias del ayer.

No solamente me estoy refiriendo a esas etapas biológicas, físicas, sociales algunas obligatorias como son: la niñez, adolescencia, la escuela, matrimonio, madurez, paternidad, etcéteras. Hago referencia a: vidas nuevas.

Dentro de una misma vida física uno vive diferentes tipos de vidas. Y hoy pueden ser observadas como vidas pasadas. En algunas biografías están sumamente acentuadas. En otras están sutilmente señaladas. Algunas personas transitan por esta vida y requieren espiritualmente menos vidas nuevas que otras.

Además, los Sabios nos recuerdan que cada mañana al despertar se nos regala la oportunidad de una vida nueva y nos sugieren que construyamos una más elevada que la de ayer. Esta renovación constante la podemos llevar hasta la geografía misma de los minutos, a los límites respiratorios de la inhalación/exhalación, o al ritmo amoroso del corazón. Es milagrosamente maravillosa la vida. Se manifiesta renaciendo a cada instante.

Este renacimiento continuo dibuja en el presente un puente íntimamente angosto y audible con el ayer. Hay personas que suspiran por la ilusión de un tiempo fantástico, o bien padecen la amenaza de un terrible ayer. En ambos casos son resonancias de una vida pasada y la sugerencia es un sencillo equilibrio matizado para actualizar el hoy.

El hoy el único escenario donde podemos actuar física y espiritualmente es un proceso donde experimentamos la vida presente con residuos de vidas pasadas. Además el hoy es donde dos conceptos opuestos como lo son pasado y futuro se unen. Unión que muestra su gran dosis de elevación espiritual en preparación. Una elevación en constante ofrecimiento. Este momento es la única oportunidad que tenemos en nuestra vida para hacer lo adecuado espiritualmente, reparar lo que haya que reparar del ayer y construir nuestro mañana lo más soleado y ligero posible. Toda nuestra biografía, toda nuestra vida se puede resumir y reparar hoy.

Y solamente hoy podemos preguntar: ¿es importante conocer esas vidas pasadas de nuestra biografía? Simplemente sí en un nivel. Porque nos ayuda a conocernos. Es una forma de conocernos más. Y el conocimiento de nuestra biografía ofrece la posibilidad de ubicar algunas causas de malestares presentes.

los turistas regresan de nuevo

¿Cómo saber más de vidas pasadas en el hoy? Deseando conocerlas. Orando por este conocimiento. Estudiando. Realizando acciones espirituales.

Con algo de sensibilidad y trabajo espiritual uno sabe el inicio de una nueva vida. Uno descubre el arribo a la terminal. Es muy claro en un trabajo nuevo, una casa nueva, un matrimonio, el nacimiento de un hijo. O en sus nunca deseadas variantes negativas. En esos inicios podemos descubrir claves para saber más de nosotros, nuestra vida, nuestra biografía. Hay algo que suena y resuena, emanando armónicos y disonancias.

Se puede percibir el arribo a esa etapa o estación de vida. Casi se puede oír el anuncio de "Bienvenido". Como cuando llegas con tus maletas a tu nueva habitación, empiezas a acomodar la ropa y sabes que vas a estar ahí por un tiempo. Y con mucha fe y alegría tratas de pasarla bien. El guión lo dice: hay que pasarla bien. Todo mundo lo dice. Sin embargo, aterrizado en tu vida personal, la pregunta es: ¿y cómo voy a pasarla bien? Para contestarla escribo simplemente: **haciendo lo** espiritualmente **adecuado**.

Es importante recordar que uno inicia también una nueva vida cuando hace o hizo las cosas bien, o cuando uno las hace mal. O por mejor decir, cuando hacemos algo adecuado o inadecuadamente por más insignificante que parezca la acción. Ahí experimentamos el cambio de nivel espiritual. Es el principio de una vida nueva. Un pequeño renacimiento. Tal vez sin tanta producción espiritual como cambio de nombre, quizás sin mudarse de lugar y con la millonaria suerte/fortuna de no tener que pasar por el proceso de nacimiento y su protectora placenta, así como la inversión física, espiritual, educativa, energética financiera que tiene incluida la cuna (por ejemplo), algunos exquisitos chupones, los interminables aromáticos pañales y demás vestuario. Si el nacer es una bendición y un regalo espiritual, esta vida nueva, este renacer es otra. **Realmente**

la melodía y sus resonancias

un pequeño cambio espiritual diario es como sacarse la lotería diario, en todos los sentidos. Éstos son muy benéficos, pues un cambio, una pequeña transformación en los hábitos, puede desarrollar ascensos físicos y espirituales que llevan a la persona a una vida nueva. Y este proceso es como un *upgrade* espiritual. Una actualización. Como recibir unos *files* complementarios para que tu sistema se actualice y opere mejor. Y esta vida nueva, está dentro de tu biografía física. Una biografía física para algunos biógrafos muy físicos. Varias vidas espirituales para algunas percepciones muy espirituales.

De hecho así funciona este sistema llamado vivir. En este sistema hay la posibilidad de vivir varias vidas, reparar rasgos de varias vidas pasadas y construir las bases de vidas futuras si acaso son requeridas. O retomando el lenguaje *cyber*, esta vida está llena de *upgrades* espirituales sin los cuales se corre el riesgo de vivir desprotegido y quedarse en un pasado atrapado en la repetición.

resonancias

Así como en el ámbito del sonido una nota musical o la voz por ejemplo **genera armónicos** una vibración producida por otra vibración **las vidas pasadas emanan sus** armónicos **resonancias**. Y algunos de ellos causan una disonancia en nuestro presente, por decirlo así. Algunos provocan cierto dolor, ruido, desarmonía. **La referencia directa es porque he observado que hay personas que ante un cambio, se aferran a esa vida** pasada. **Este apego a algo anterior y la ausencia de la información espiritual adecuada obstaculizan a realizar la "transferencia" correcta de una vida a otra.** La información matiza la percepción de la disonancia pues ayuda a apreciar lo que pertenece a otro tipo de vida y se evita extrañar algo que no es necesario "extrañar". En términos cibernéticos: si tu alma se actualiza automáticamente, tus acciones deben de realizar este *upgrade* para que no haya

los turistas regresan de nuevo | 129

un conflicto serio. A veces el indicativo es cuando se extrañan elementos de una vida pasada. Extrañar físicamente algo de valor esencial espiritual, puede llevar a desear correr tras elementos físicos que ya no se necesitan más. El ejemplo claro es quien sigue anhelando el dinero cuando ¡ya administra lo suficiente! y lo persigue y protege como cuando realmente era necesario.

Estos residuos operan parecido al momento escénico de un actor, cuando los rasgos de un personaje de una obra pasada interfieren en una nueva puesta en escena. De hecho les ocurre a algunos profesionales de la actuación. Entonces la escena y el personaje son afectados por un cierto desajuste. Y el actor puede afirmar desconcertado: ¿qué es esto? Residuos de un personaje pasado. Parece de broma pero no lo es. Es obvio en el ejemplo de una actriz que no espera que el público confunda la Cenicienta con Blanca Nieves. El público infantil es sabio. Además el reconocimiento se facilita por la vestimenta, los hábitos y el parlamento. El guión es claro. Pero internamente el actor no experimentado puede sufrir de interferencia de personajes pasados. Como si el personaje anterior no quisiera irse o necesitara reconocimiento.

Lo mismo ocurre en la vida real espiritual de la persona. Cada vez que realizamos una acción espiritual adecuada por ejemplo una dieta hay la posibilidad de iniciar una vida nueva. Cada vez que se presenta un gran acontecimiento entramos a una nueva producción, con un nuevo guión, con otros compañeros.

Es una vida nueva, una etapa, una estación. De cierto tiempo. De una duración que en parte depende de nuestras acciones. Realmente no sabemos cuánto tiempo va a durar esa puesta en escena pero sabemos o la sugerencia es recordar que es transitoria. Esta obra es transitoria. Todo es transitorio ¡gracias a Dios! Este es un conocimiento espiritual básico. Es bueno recordarlo, pues no hacerlo provoca dolores y lágrimas extras.

Recordarlo al iniciar una función exitosa. En una temporada exitosa. Recordarlo al entrar a una puerta de posible "fracaso" cuando se empiezan a detectar los aires amargos de una temporada "corta", de severidad, de limitación. Entonces se empiezan a aparecer esos viejos fantasmas de vidas pasadas quienes gustan reaparecer en escena. Y no solamente eso, sino a veces traen nuevos amigos. O sea nuevos fantasmas.

¿Qué es un *fantasma*?

Es también un ruido, una resonancia, residuo, idea, energía, pensamiento que no tiene recipiente, cuerpo. Anda en busca de uno. La tristeza, la melancolía, la insatisfacción pueden servirle. Claro, si nosotros lo permitimos. Además constantemente causan interferencia en nuestra biografía.

La sugerencia respetuosa es trabajar espiritualmente. Reparar lo que haya que reparar. Es complejo el *ruido* que causan esas vidas pasadas en nuestra biografía presente. Algunos residuos son fáciles de arreglar, otros son más complicados. Hay que empezar por los fáciles. Uno a uno. Lo simple es arreglarlos despacio y con paciencia. Con trabajo y continuidad. La biografía espiritual es inmensa, con un trabajo grande por hacer. La labor es del tamaño con el cual ves la vida y más.

Quizás preguntes en este momento ¿hay una propuesta práctica para eliminar residuos de vidas pasadas? La respuesta es: arreglarlos si son para arreglar o desecharlos. Saber con certeza que eso, no nos corresponde ahora. Que en esta vida nueva **no es necesario.** Y como diría una amiga cantante neoyorquina: "*...anymore* ♪".

Claro, estoy hablando de resonancias "disonantes", que desarmonizan la vida presente. Las emanaciones que son percibidas como ruido. Porque asimismo hay resonancias espirituales de alto valor las cuales son importantes luchar

los turistas regresan de nuevo

por mantenerlas siempre cerca. Son los hábitos positivos, emanaciones escuchadas como bellas, armónicos muy agradables. Aquí resalta lo valioso de tener el conocimiento adecuado para saber distinguir. Una vez más hay que ordenar:
    éstas son dañinas para esta vida
    no son para reparar
                    éstas son para reparar y conservar
                          ayudan a continuar
                          ascendiendo espiritualmente.
¿Cómo saberlo?

Estudiando, orando, actuando. Afinando la percepción.

Voy a ejemplificar 7 resonancias y sugerir su actualización (*upgrade*) en el conocimiento que existen por lo menos cerca de 7 mil millones de tipos de residuos y resonancias de vidas pasadas. 7 por escribir un número esencial, además de ser clave en la esfera de la música. Y la música espiritual es muy buena.

                              resonancia **do**
                                      gracias

Con la firme actitud de evitar residuos dolorosos, y al tratar de borrar toda esa parte del pasado, el intento de *formatear* el ayer puede borrar también el noble y sublime rasgo del agradecimiento. Es decir, al borrar todo ese ayer a veces incluye un acto de ayuda o bondad que alguien hizo por nosotros. **Cuidado.** Hay que tratar de recordar la mínima ayuda que alguien nos brindó. El minúsculo favor. De esas vidas pasadas, hay que conservar el agradecimiento.

sugerencia simple

    upgrade **Tener en mente siempre que es altamente recomendable agradecer. Esta es la sugerencia tónica.** A las personas, al Creador, a instituciones, comunidades, países. Sería bueno orar, agradecer y tener una reverencia (conciencia del Creador) continua.

resonancia re
por obligación

Si una persona vive una vida con menos cambios que otra, y su vida transcurre con un ritmo diferente que otra, a veces los reencuentros activan una posibilidad: el querer que el prójimo sea como era antes. Similar a una exigencia de comportamiento. Como si deseara la persona que no hubiera cambiado la otra, poniendo en modo de "recuerda" y "por fuerza" la escena que producen. Sería bueno citar que una de las tareas espirituales pendientes de todos es: cambiar, transformar lo negativo a positivo, transferir vida a una nueva vida. Hay que tratar de evitar cualquiera de los dos extremos.

Hay recuerdos buenos. Como aquellos que nos recuerdan las cosas a olvidar. Sobre todo los rencores, el daño recibido, la capa de amargura que trata de envolvernos. El dolor por sí solo, no nos lleva automáticamente a algún lugar espiritualmente aconsejable.

sugerencia simple

upgrade Hay que tratar de recordar que no podemos obligar a otros a ser *buenos*. Obligar a otros a que pensemos lo mismo. Obligar a otros sean tan "evolucionados" como uno, es lo más anti-espiritual que hay. Cuidado. El mundo es libre.

nota del dolor disminuido

El dolor causa dolor. Duele. En espiritualidad no es pleonasmo. Es un recordatorio que es mejor el camino de la sabiduría, del conocimiento, de la acción adecuada. Además que es altamente recomendable evitarlo.

El dolor por sí solo, no es recomendable como píldora espiritual. Aunque los Sabios alertan que todos tenemos una dosis, es preferible no aumentarla.

Hay que recordar que gran parte del dolor que sentimos, es por

los turistas regresan de nuevo

no saber o por no recordar. No saber cómo actuar. No saber qué estamos haciendo aquí. No recordar qué hacer. Hay que desear saberlo.

Insisto, el dolor es la parte más baja de la sabiduría. Es la interpretación del dolor y su adecuada actuación las que pueden elevarlo a la aceptación, bondad, compasión, a la caridad y de ahí podemos aspirar a una paz completa.

resonancia **mi** reconocimiento

La persona que accede a una vida nueva por cierta información o posición laboral económica intelectual **desea tal vez que sus compañeros de viaje, de una vida pasada, lo reconozcan.** El pedir reconocimiento continuo para uno mismo puede llevar a borrar gradualmente al prójimo y cada día se torna más difícil verlo, respetarlo. Cuidado. No hay que perder de vista el punto luminoso del prójimo. Es elevado reconocerlo. Su punto luminoso es una guía y algún día puede servirnos como una lámpara muy útil para el regreso espiritual. **El llegar a una vida nueva es solo parte del proceso.** No lo es todo. El proceso no ha finalizado.

Una vida puede ser adquirida mediante un ascenso intelectual, económico, profesional. O bien al abandonar una negatividad, un hábito negativo importante. O al realizar una pequeña acción espiritual. Todos estos logros espirituales llevan a un ascenso que reclama nuevos retos y tareas.

Con una aclaración. Tener el mérito de llegar a una nueva vida no es pretexto para cometer algunos errores espirituales primarios como es el degradar al prójimo, practicar la avaricia, y/o negar cualquier contacto espiritual. Cuidado. Es un engaño de alto riesgo.

Al llegar a ésta, lo importante es recordar el objetivo último personal el punto luminoso. Una tarea muy grande. El punto luminoso personal se va revelando poco a poco en la medida de que van apareciendo estas vidas nuevas y se van realizando las acciones espirituales correspondientes. Claro, hay personas muy elevadas que observan desde muy temprana edad este punto. Desde niños tienen una conciencia de ese objetivo. Yo considero que la mayoría de las personas tenemos que poseer un deseo inmenso y trabajar fuerte y progresivamente para observar o intuir tan maravillosa misión.

sugerencia simple

upgrade En la simple práctica, hay que seguir ascendiendo. No quedarse en la contemplación del logro obtenido. Una forma de ascender es reconocer el punto luminoso en tu prójimo. ¿Por qué? Porque en el punto luminoso del prójimo, está incluido el tuyo.

resonancia fa
amigos y familiares

Cuando la persona accede a una vida nueva, visita lugares y personas de su vida anterior y siente que "algo pasa" percibiendo a veces incomodidad. La plática parece estar anclada en años pasados. Una de las partes desea obtener lo mismo que hace tiempo. Como si dos niños coincidieran años después y uno de los dos encontrara ridículo entretenerse con los mismos juegos. Ahora son vidas nuevas, diferentes.

Y en esas vidas nuevas tal vez no sea necesario coincidir tan cerca como antes. Hay un cariño por esa persona, ese lugar, respeto por la nueva experiencia pero sencillamente son vidas nuevas en mundos nuevos.

Para algunos puede causar un cierto malestar, casi dolor, sobre todo cuando se liga a la peligrosa melancolía.

Esto se observa claramente en los casos de quienes accedieron a una vida nueva en otra ciudad otro país y tratan de regresar a

los turistas regresan de nuevo | 135

recuperar su felicidad perdida y constantemente soñada. Se van pero siempre sueñan con regresar. Se han ido muy a su pesar y entran a una nueva vida. Pero la realidad espiritual demuestra que están donde deben estar.

Cuando este "emigrante" regresa al lugar de una vida pasada y se encuentra con sus características y habitantes amigos, ocurren varios ajustes en la observación. Ya en el lugar, ese sitio se modifica, pues en los recuerdos las dimensiones están algo exageradas. Después de unos días y varias sesiones con algunos habitantes (gente muy querida), pareciera que no hay un reconocimiento esperado. Puede haber interferencia de comunicación y un *shock* de expectativas. Disonancia. Uno cree que conoce esa vida visitada pero es también una nueva. Es otro escenario y veces reaparecen esos *fantasmas*. ¿Y donde habitan esos *fantasmas*? En el pasado. Pero se asoman a nuestra mente, parte elevada de nuestra alma para tratar asustarnos y recurrir a la tristeza su única posibilidad de cuerpo. Cuidado.

Es una prueba espinosa. Es fuerte decirlo, pero generalmente no hay tal felicidad perdida. Su nueva vida es lo mejor que puede estar viviendo. Con sus nuevas tareas. Y parte de esas tareas es precisamente saber que esos fantasmas son solamente eso: fan**tasmas.** Que también merecen respeto, cierto honor, pero no más.

sugerencia simple

upgrade **Pedir al Creador su ayuda, el conocimiento de las acciones a tomar y las palabras necesarias para decir a esas energías: por favor, váyanse a un lugar donde no hagan daño.**

Saber con certeza lo ocurrido y lo que ocurre. Orar por fortaleza espiritual. Y por el conocimiento para distinguir un resonancia negativa a una tarea vigente. De un lado puede asomarse la tentación de borrar al prójimo mientras del otro un atisbo de la siempre amenazante envidia. Cuidado. **Hay que pedir perdón,**

cuando haya que pedirlo a la persona adecuada. **Brindar perdón, perdonar** a la persona adecuada. **Dar caridad, bondad, ayuda. Ofrecer dignidad humana.**

Entonces, podemos observar de una manera más elevada esa **vida nueva** con alegría y agradecimiento.

nota de amor aumentado

Es recomendable no buscar en la agenda del ayer y vidas pasadas una relación con unas características que no existen más. La relación (nueva) se puede dar pero bajo los términos de esas vidas nuevas. Con sus tareas nuevas. El amor, la amistad, las relaciones humanas son energías espirituales de alto valor, que nunca se transforman pero que al descender a la vida de la persona, adquieren las características de la biografía actual. Dicen los Sabios que lo espiritual adquiere la forma del recipiente que lo contiene.

resonancia **sol**
de repente

Cuando hay intereses comunes se facilita la convivencia. Y si no hay intereses comunes entonces se dificulta y la posibilidad de entablar comunicación se entorpece. De acuerdo.

¿Pero por qué ya no se encuentran los mismos intereses?

Porque las personas están experimentando vidas nuevas. Cambian. Se mueven arriba y abajo por su biografía, adquiriendo nuevas vidas. ¡Gracias a Dios!

Y en estas vidas nuevas aparecen preguntas nuevas y las tareas inmediatas cambian y se reorientan. Se actualizan. Tal vez las preguntas son más refinadas. El foco espiritual inmediato se ajusta. El objetivo a mediano plazo se ha reubicado. **Simplemente porque tenemos el regalo de vivir vidas nuevas** en una misma vida. Claro hay personas que se mantienen aparentemente en una mismo tipo de biografía por tiempos largos. Casi por regla y

los turistas regresan de nuevo

regalo espiritual "repentinamente" algo pasa y una puerta se abre para subir de nivel. Entonces llega también a una vida nueva.

sugerencia simple

upgrade No es recomendable juzgar. Cada persona tiene una biografía y una serie de tareas pendientes personales. Si una persona se "marea" por una subida rápida y cambio de vida, hay que sugerirle dignidad humana. Si una persona se entristece por permanecer algún tiempo en un sitio, hay que sugerirle acción, aceptación y alegría.

resonancia la
relativismo

Otro tipo de armónico es el que por un pasado no arreglado del todo la persona lo niega completamente. Es parecido al residuo do donde la persona borra el pasado y olvida agradecer. Lo corta filosamente. Como en una acción protectora ante una amenaza. También es el lado extremo contrario de la persona sensible a quien le afectan constantemente algunos residuos. A veces es recomendable no recordar un pasado doloroso. Sobre todo ciertas escenas negativas. *Formatear* la vida por las cosas dañinas es aconsejable. Está bien alejarse de ese imán negativo. Pero a veces esta medida sin la adecuada información espiritual y trabajo personal lleva poco a poco a olvidarse también de cosas esenciales y la persona tiende a vivir ensimismada relacionando todo a una simple casualidad enfocándose demasiado en su dolor íntimo. Y si no hay pasado, el peligro es no desear construir el futuro. Si todo es casual, no importa el trato humano. "Qué bueno encontrarte, qué bueno no encontrarte". Un relativismo de muy baja frecuencia.

sugerencia simple

upgrade Recordar las tareas esenciales a nivel global es muy útil. El trato que se brinda a los demás, el respeto al prójimo, la dignidad humana. Gran parte de la tarea es ésta. Observar y respetar la

la melodía y sus resonancias

chispa espiritual del vecino. Evitar borrarla. En espiritualidad nada es relativo, todo tiene un porqué. Y uno muy bueno.

notas olvidar & recordar

Es básico olvidar aquello que interrumpe nuestra tarea espiritual. Recordar el por qué estamos aquí, en este lugar, hoy. Recordar el objetivo del viaje, el punto luminoso personal.

Hoy, en este momento, todo este proceso de vivir y revivir, nos sugiere sencillamente una cosa: hay tareas espirituales pendientes por realizar. Hay que tratar de hacerlas. Algunas son urgentes.

resonancia si
simplificación

También se experimentan residuos por acumulación de vidas nuevas. Una persona vive varias vidas nuevas en un período trabajos sendas espirituales ideas dietas y de repente se da cuenta que hay mucho de todo. Una acumulación de información. Exceso de resonancias, ruido, interferencias.

sugerencia simple

upgrade Hay que limpiar lo extra. Simplificar. Elegir un camino. Una guía. Enfocarse. Simplemente lo necesario para arreglar esta vida. Vivir ligero.

¿Pero de qué se trata el arreglo?
¿Cómo saber qué debemos arreglar?

Por un lado, siento que todos en el fondo sabemos nuestras tareas pendientes. Es más los Sabios indican que nuestra alma lo sabe todo. Todas nuestras tareas y objetivos en esta vida están inscritas en nuestra biografía espiritual. Solamente hay que realizar las acciones espirituales adecuadas, los cambios necesarios y al hacer contacto con las materias espirituales esenciales, se nos empiezan a revelar más cosas a observar y reparar.

Así de simple. Y realmente así es. Es muy sencillo.

los turistas regresan de nuevo | 139

Pero llevarlo a la práctica en la vida presente por otro lado, tiene su grado de esfuerzo y constancia.

Es muy sencillo pero no está fácil.

Otra cara de los dos opuestos del proceso.

Se necesita algo de tiempo y mucho trabajo. O algo de constancia y mucho tiempo. Para lograrlo, algunas tareas personales necesitan un tiempo de trabajo y dedicación, otras necesitan gran parte de una vida. Otras tareas requieren varias vidas, ya que estamos en este capítulo. Principalmente la del punto luminoso personal y global. Sobre todo las que tienen que ver con la convivencia y respeto en comunidades, pueblos, la humanidad.

Lo más fuerte, eficaz y sencillo es: ora por ello. Pídele ayuda al Creador. Trata de orar diariamente y pide que se te haga saber con misericordia, poco a poco los hábitos, las cosas negativas a transformar en positivas.

Esto es lo primordial. Después, actúa por ello.

Otra posibilidad es observar las cosas negativas que se repiten en tu vida. Esas son seguramente tareas pendientes. Personales o globales.

Y puesto escrito más fácil: donde se asoma el obstáculo, es la tarea básica a realizar y perfeccionar en este momento. Además es simplemente lo que hay que arreglar hoy.

detector de tareas

Si frente a alguien o algo hay una escena repetitiva la cual percibes que cada vez que se realiza genera chispas a veces de dolor de choque de energías tal vez de repulsión, entonces estás seguramente frente a un mensaje espiritual que sugiere algo a reparar. Escribo esto por la pregunta insistente de saber cómo descubrir las tareas espirituales pendientes. Esta es una sugerencia más para descubrirlas.

Realmente esta es la esencia de estos acontecimientos de "alto contenido" espiritual. A veces pueden mostrarse estas escenas con una cara no muy amigable. Bueno, con apariencia amable o severa, la realidad es que en cada escena podemos elevar situaciones, malos entendidos, rasgos. **En cada momento hay la oportunidad de purificar.**

El **"gran acontecimiento" es un ofrecimiento a realizar una tarea pendiente.** Si en ese momento no encuentras los elementos para poder definirla y empezar a solucionarla, la puedes pausar temporalmente. Pero sin lugar a dudas es un llamado a ensayar y probar rasgos como: tolerancia, paciencia, sabiduría.

Por supuesto, el Creador y/o sus chispas divinas, están encapsuladas en cada elemento de toda creación. Tanto en el escenario, como en los actores, así como en nuestros parlamentos más luminosos.

En toda situación puedes observar ese *spark*. Hay que elevarlo, liberarlo de sus ropajes. **¿Cómo? Teniendo en cuenta esta presencia** espiritual. Observarla. Brindarle reconocimiento. En cada situación hay una oportunidad de sentir la presencia espiritual del Creador. Es una muy buena señal de respeto y reverencia.

¡chispas! y resonancias del mundo espiritual animal

La Sinfonía de la Creación es majestuosa y bella. Doy gracias constantemente por escuchar al menos algunas de sus maravillosas resonancias. Completas melodías para mis oídos.

Respeto y admiro **todos los mundos. El mineral, vegetal, animal, el humano hablante.** Observarlos con respeto es una oportunidad de alabar al Creador.

los turistas regresan de nuevo | 141

Especialmente me gusta el mundo fascinante de los animalitos. Desde niño me han atraído la observación de los osos polares, chimpancés, leones.

En la vida diaria observo mucho a las aves que visitan los árboles, los animales que cuidan algunos niños. Incluso algunos insectos. Trato de brindarles dignidad animal. Respeto. Cuidado. Me asombra con que paciencia generalmente transitan por el mundo si se me permite esta observación. Al igual que la espera reverencial de las semillas en su mundo vegetal. ¡Es maravilla pura! Los veo y me recuerdan inmediatamente esa chispa divina que traen consigo. En los animales se refleja en su expresión, en su mirada. Me recuerdan todos ellos la inmensidad de la Creación y comienzo a escuchar música. ¡El universo entero emana esta música!

Escribo todo esto porque la paciencia está relacionada con la tolerancia y la dignidad humana. Y éstas a su vez, con la observación respetuosa, con admiración espiritual de todos los mundos.

La paciencia está relacionada igualmente con un rasgo de carácter, de personalidad, el cual hay que trabajar y refinar.

La paciencia y tolerancia tienen que ver con nuestras reacciones inmediatas y con las respuestas básicas de nuestra experiencia en esta vida.

Controlar estas fuerzas reactivas es parte esencial de nuestra vida. Es más, muchos escritores han ligado estas fuerzas básicas a una parte animal del humano.

Incluso, algunos Sabios han relacionado estas reacciones con los niveles espirituales básicos. Es decir, hay unos elementos en nuestra alma en nuestra esencia, que están conectadas con las necesidades básicas, el hambre el deseo por los alimentos por ejemplo y su relación con la citada paciencia.

Reitero, observo al mundo animal con admiración espiritual y agradecimiento al Creador. Con respeto. Me gusta verlos y a veces siento que ellos también a mí. Cuando observo por ejemplo a un simpático chimpancé y veo sus ojos tan expresivos y llenos de alegría, avidez, me remite inmediatamente a los 5 Libros de Moshéh. Tengo y siento simpatía por el famoso primate. A veces me dan ganas de acercarme más y platicarle que estoy escribiendo un texto nuevo en la cual platico acerca de él. Pero no creo que llegue a leerlo, en término naturales sin intervención espiritual. Tal vez sienta la vibración de mis palabras como cuando les hablamos a algunas aves, perros, insectos. Pero éstas son metáforas literarias que necesitan más explicación espiritual.

Pero con todo respeto para el chimpancé, nunca he pensado tomarle una foto para incluirla en mi álbum familiar o subirla a internet y declarar: este era mi abuelo 4_x, mi ancestro. "Hemos avanzado en la familia ¿no?" dirían algunos.

No, no lo voy hacer.

En mi álbum personal tengo algunos nombres bien detectados.

Por una parte tengo un conocimiento de genealogía familiar personal algo limitada. Mis hermanos y mi familia llegamos a nuestro papá 4 quien vivió hace cerca de 180 años. Y por genealogía espiritual a nuestro papá 140, Abraham quien vivió hace cerca de 3650 años. Lo sabemos por los 5 Libros de Moshéh.

No se trata de meternos a una polémica de ¿qué fue primero, la gallina o el huevo? Aunque sinceramente debo confesar que es una pregunta fascinante y que para algunos no nos representa ningún motivo de discusión.

Obviamente la gallina fue primera. Lo sabemos porque es un conocimiento espiritual con base en la Toráh. El Creador creó a las aves en el Día 5°. No está escrito que se crearon los huevecillos de las aves.

los turistas regresan de nuevo

Evidentemente algunas personas por su formación educativa pueden decir que fue primero el huevo. Y merecen todo nuestro respeto y consideración La respuesta es personal. Además, su respuesta es una declaración de sus creencias. Precisamente hay algunos de ellos quienes colocan a los simpáticos chimpancés gorilas y orangutanes como sus papás lejanos. Árbol genealógico que merece igualmente respeto. Y debo admitir que tengo amistades de muchos años queridas profundamente quienes enarbolan estos antepasados y frecuentemente realizan acciones altamente espirituales. No me sorprendo.

Para mi lo que sé de la Teoría del Big Bang el Huevo Cósmico y el punto de vista Biológico son respetables y no contradicen en absoluto a los 5 Libros de Moshéh. Algún día cercano vamos a tener el mérito de ver ambas narraciones de una forma popularmente más clara y armoniosa en una revelación espiritual grandiosa. Si es que es necesario.

Me parece que ambas narraciones hablan de lo mismo, desde posiciones diferentes y con un lenguaje diferente. Es lo mismo con diferente narrativa. Y diferentes usos y explicaciones de unidades de tiempo. Por cierto el Creador creó a los animales (gorilas, leones y vacas) en el Día 6º unas "horas" antes que a *adam*.

No necesitamos hablar la misma lengua para estar juntos y juntos hacer lo correcto espiritualmente. Como el relato ficción del turista quien viaja a una tierra lejana como la cordillera del Himalaya y arriba finalmente al Reino soñado. Asciende a la aldea y ahí es atendido por seres de una elevada estatura espiritual. Y al recibir toda clase de atenciones como comida, una habitación, sonrisas, bondad, amabilidad percibe que tal vez en una vida pasada estuvo ya en ese entorno.

Luego se despide solo con amables gestos ya que no habla una lengua común con los excelentes anfitriones. No es necesario.

Sin hablar una lengua común podemos ponernos de acuerdo en lo básico, pues tenemos chispas espirituales muy elevadas en armonía. Somos simples turistas en tránsito por ejemplo.

Lo que leo de la teoría astronómica del Big Bang, el punto de vista de la Biología y lo escrito en Génesis de la Biblia son notas del mismo acorde. En lo personal exquisitamente armónico. Los trato de leer y no se contradicen. Más bien son complementarios. Pero esto es tema de un escrito completo, más bien toda una partitura literaria, así que pido paciencia.

Bueno, todo empezó en este ligero libre transitorio y limitado libro por tratar de decir que la paciencia y la tolerancia son básicas en los rasgos a pulir de la humanidad. Y que Sabios del Zohar y otros escritos espirituales ubican estos rasgos reactivos en la parte baja de nuestra alma. Es la parte espiritual que tiene que ver con nuestros rasgos básicos y muchos Sabios nos alertan y nos animan a elevarnos por sobre esas características animales. Rasgos básicos compartidos con el mundo animal.

¿Qué significa esto?

Que si no trabajamos espiritualmente corremos el grave riesgo de vivir y conectarnos tan solo a esa experiencia básica de nuestra naturaleza espiritual. El peligro de observar el mundo solo a través de esa parte del alma de baja frecuencia. Es decir, de comportarnos como alguno de esos respetables primates y actuar y reaccionar como un familiar lejano de ellos. El peligro se presenta diario, en todo momento. El ofrecimiento es constante. Cuidado. Sobre todo los rasgos relacionados con el habla, la alimentación, la paciencia, la tolerancia.

Entonces vuelvo a observar a mi querido chimpancé y escribo: no, gracias.

No, no. Gracias. Es preferible invitar a orar y agradecer al Creador, Amo y Señor de este y todos los mundos y más por

los turistas regresan de nuevo | 145

haber regalado semejante revelación a Abraham, nuestro papá 140. Papá quien nos conecta con lo escrito por Moshéh en sus 5 Libros: la Toráh. Abraham, papá espiritual de los pueblos de este bello planeta llamado Tierra.

Pero también sé que es un recordatorio personal. Tal vez me atreva a decir que es una sugerencia. Que quizás solo esté hablando en voz alta e impresa.

También puede ser que el conocimiento biológico lo podamos nombrar como una posible vida pasada, e interrumpa la vida espiritual de algunas personas. Que interfiera con su conexión con lo espiritual. Y posiblemente ese residuo de la vida pasada no sea más que el llamado urgente a realizar las tareas básicas de su alma más baja. Tareas espirituales pendientes.

No es tan fácil abandonar los hábitos, sobre todo aquellos relacionados con lo básico: el habla, la alimentación, la paciencia, la tolerancia. La convivencia. La paz. La Paz completa. Ese es el objetivo principal de la humanidad. Su punto luminoso. Saber nuestro origen espiritual es solo un inicio formidable. Sin embargo, hoy no es suficiente todo este gran logro espiritual.

Cuando el ofrecimiento espiritual llegue a través de otra sutil prueba, de las centenares que tenemos en nuestras vidas. O por mejor decir, cuando la prueba se presente hoy, hay que orar por la fortaleza de elegir lo más adecuado espiritualmente.

E insisto, todas las pruebas llevan a la calificación final la cual tiene que ver con la paciencia, tolerancia y el trato que le brindemos al prójimo.

Que tengamos el mérito de actuar lo más elevado posible.

hacia el objetivo último

bioconciencia

secuencia 10

o/el punto luminoso

el punto luminoso

los turistas regresan de nuevo | 149

Al arribar a este momento, ascendiendo hacia la estación final de este libro, hay una constante en todo el trayecto: la invitación a acercarse a lo espiritual. Al conocimiento por saber qué hacer y realizar nuestras tareas espirituales pendientes. Sencillamente esta es la esencia de este viaje literario espiritual.

Un viaje que incluye nociones espirituales elevadas secuencias de nuestro Libro Sagrado. Y el hecho de compartir este conocimiento es una gran responsabilidad. Misma que me sugiere acentuar lo siguiente. Incluir en estas páginas conceptos y palabras de gran elevación espiritual e interpretar una sugerencia en su nivel básico no es para tratar de reducir las grandes tareas santas que tenemos como humanidad. Es invitar respetuosamente a que las realicemos con sencillez.

Comer adecuadamente.

Hablar de manera más elevada.

Tratar de realizar nuestra mejor actuación.

Son sugerencias a elevar la conciencia. Las escribo con amor y profundo respeto.

Estas letras y palabras invitan cálidamente a que utilicemos con sabiduría toda nuestra libertad para poder elegir lo más adecuado espiritualmente, según el caso personal de cada uno. Lo escrito es para alabar la bondad y paciencia del Creador. Del Nombre impronunciable.

Estas palabras nacen de un deseo contante de acercarse a la espiritualidad. De actuar en modo consciente en ella. Es una invitación a estudiarla. Acercarse. Actuar en armonía a ella.

Escribimos que las preguntas esenciales de esta vida es saber casi con exactitud lo que hay que hacer y no hacer. Y para ello es necesario un acercamiento espiritual. Esta visión, a la manera de un Plan de Estudios observa que las 3 áreas básicas son:

oración donación acción.

Por favor, hay tratar que recordarlas.

De aquí se desprende toda nuestra reparación.

Tengo la certeza que la mayoría de la humanidad estamos tratando hacer nuestras tareas espirituales pendientes. De hecho lo estamos haciendo. La invitación práctica y respetuosa es hacer un poco más.

Hacer.

Hacer lo adecuado y ya no hacer lo inadecuado.

Estas letras tan solo desean compartir que sería bueno vivir con un poco más de bioconciencia.

Ha habido grandes momentos en la historia de la humanidad y pienso que tenemos el mérito de estar viviendo en uno de ellos una vez más. La grandeza de este momento radica simplemente en encontrar en todo lugar, en todo instante la posibilidad de observarse de pronto con lo espiritual, con lo sagrado, con las chispas divinas del Creador. El Creador de todos los mundos y más. El Creador y Formador de *adam* la humanidad, nosotros. El Creador y *Todomisericordia* de *noaj* y *abraham*.

En todo momento podemos encontrar lo espiritual. De hecho es otra de las razones del por qué escribo estas sugerencias y percepciones. Porque en estas páginas, también podemos encontrar al Nombre, al Creador, al Todopoderoso.

En este acto simple de lectura. En este simple acto de escritura. ¿Y de qué sirve todo esto? Para acercarnos y no solamente observar lo sagrado como un objeto lejano, fuera de nosotros. Nosotros podemos observar lo espiritual, aquí, en este momento.

Simplemente esta es una tarea espiritual pendiente esencial.

Estamos viviendo un momento histórico espiritual donde sería bueno hablar mejor. Pronunciar las palabras correctas.

los turistas regresan de nuevo | 151

Evitar el desperdicio energético que causa la habladuría y todas sus formas.

Un momento donde se necesita expandir aún más la caridad, la bondad, la comprensión.

El respeto por el humano de enfrente. El aprecio por la vida humana. Es una tarea esencial.

Un momento, una estación, una vida, donde se ofrece una vez más la opción de elegir lo adecuado. ¡Gracias a Dios! gozamos de esta libertad. Cada humano tenemos la constante posibilidad de elegir.

¿Hacer o no hacer?

¿Espiritualmente qué es lo más adecuado realizar? Es más adecuado compartir. Ayudar. Dar más caridad. Brindarla eficazmente. Dar un poco más. Con una conciencia más elevada.

Es más adecuado tener más paciencia. Evitar las invitaciones al enojo, la ira, la intolerancia.

Espiritualmente es más adecuado observar nuestra libertad como regalo espiritual. Una oportunidad.

Espiritualmente para eso estamos aquí.

De regreso. Una vez más. Transitoriamente.

Un viaje turístico físico temporal, con un objetivo espiritual. También es una invitación. Un recordatorio en constante ofrecimiento.

¿Qué deseamos hacer? Sería bueno recordar que este viaje personal tiene un objetivo.

¿Cómo deseamos cumplir este objetivo final revelar el punto luminoso? ¿Con dolor o por medio de la sabiduría?

¿Cómo deseamos regresar? ¿Qué tipo de escenario deseamos construir para la nueva oportunidad?

Tenemos la libertad para contestar todas estas preguntas.

Y la libertad para elegir la adecuada actuación.

Cada noche y cada día morimos y nacemos gradualmente. Cada mañana, al despertar tenemos el regalo de construir nuestro mundo, nuestro universo. Todos estamos transitando en la misma Rueda un proceso similar. Por el simple deseo de actuar espiritualmente podemos empezar a contestar adecuadamente.

Podemos seguir las sugerencias del Creador, a través de actos físicos como el comer, hablar, fomentar la paciencia y tolerancia.

Toda la humanidad estamos en la Rueda de la vida, en el proceso del *gilgul* purificándonos, reparando, perfeccionando el mundo el nuestro. Sería bueno saber algo más pues es parte de nuestra información básica como turistas. La recomendación simple es: no hay que ignorar el proceso.

Esta información ayuda a observar la empatía. El sentir el dolor del otro, el considerarlo y tratar de entender qué le está ocurriendo.

Otra recomendación simple es trata de bajar esos gramos grasa espirituales de más, trata de elevarte espiritualmente. Estudia un poco más. Brinda dignidad humana a tus prójimos. Cuida a los animales. Otorga respeto y cuidado a las plantas. Ten conciencia de la sal y el mundo mineral. Intenta reconocer esa chispa divina en cada elemento de la Creación. En donde estés: ¡libera esos *sparks*! Liberar *sparks* es elevarse uno mismo, reparar, purificarse.

Liberar también es el anhelo por estudiar este mundo. Tener enfrente la materia para elevar su chispa esencial. En donde estés intenta elevar tu mundo.

Y así poder disfrutar y estar más ligero para el ascenso en tu vida personal, en tu rueda personal. Elevar tu conciencia lleva implícito no quedarse en los niveles bajos espirituales y poder aspirar a estados más elevados.

los turistas regresan de nuevo | 153

En esta vida, en este momento si sientes algo de sobrepeso espiritual también es válido pedir ayuda. Principalmente al Creador.

Salmos 94 v9

"**Aquél** que creó el oído ¿acaso no oirá?"

Tenemos la libertad de pedir ayuda.

La **libertad** espiritual significa también observar que estamos ante un ofrecimiento continuo.

¿Qué es lo más adecuado hacer en este momento?

¿Cómo actuar?

Esto es simplemente la **libertad** espiritual.

Hacer y no hacer.

Además, el proceso está ligado al conocimiento. Al anhelo por conocer. Al tiempo espiritual. Cada vez que estamos ante la puerta del ofrecimiento, trata de asegurarte que tu elección sea la más elevada.

Es bueno aspirar a tener más información espiritual. Usar la inteligencia al máximo. Es bueno tener cierto conocimiento de la primera puerta y saber con certeza cómo es la última.

Esto es simplemente desear saber cuál es el objetivo último de nuestra vida.

El pasado se dirige al futuro. Es su objetivo. El pasado inyecta al futuro. Parece que las olas del nuestro nos llevan con fuerza a ese lugar. A nuestro punto luminoso. Un punto que los grandes Maestros coinciden en que abrirá todo un tiempo de alta conciencia, armonía, paz.

El objetivo último de la humanidad se puede resumir en un solo concepto: paz. La Paz Completa revelada a nuestros Papás espirituales. A nuestro Maestros Primeros.

Así fluye. *Así está haciendo.* Así acontece.

Nuevamente el ofrecimiento retorna y está frente a nosotros frente a ti frente a mí. Con todo y la sugerencia.

¿Qué deseas? ¿el árbol de la libertad o la cáscara del fruto incierto de lo físico? ¿La esencia o su vestimenta?

La sugerencia continúa resonando por miles de años hasta este momento.

Solamente faltan nuestras acciones que definan la forma de arribar a tan esperado tiempo. Porque el canto de todas formas lo vamos a entonar.

¿Cómo deseamos llegar como humanidad a la Paz Completa?

La sugerencia simple es: con las aguas de la Sabiduría con el menor dolor posible, con fe, alegría, oración, amor al prójimo, orando por ese rocío con bondad, con transformación personal. Con fuerza y conocimiento. Con perdón y humildad. Con asombro. Sin miedos.

¡Con una alabanza al Creador!

Con agradecimiento entonando nuestras palabras en Una sola voz:

¡Qué fortuna, vivimos la **libertad**espiritual!

los turistas regresan de nuevo | 155

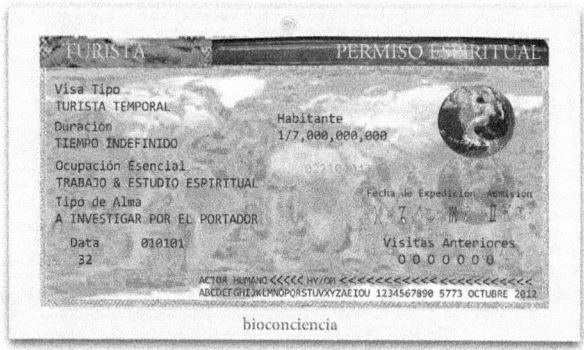

Algunas personas pueden estar interesadas en adquirir este libro con propósitos educacionales, comerciales para Instituciones en busca de donativos y/o promocionales. Para información, favor de contactar (bioconciencia@live.com.mx) o ventas especiales (ve@bioconciencia.net).

Acude por favor a la página de libros nuevos en
www.bioconciencia.net
para conocer los nuevos títulos disponibles, así como los enlaces a las librerías *online* más accesibles.

Esta obra se terminó de imprimir en Septiembre del 2014 en los talleres de **createspace** (tm) un empresa de Amazon.

acerca del autor

Jaime habita físicamente en el Sur de la Ciudad de México.
Se dedica al estudio de lo espiritual. A su práctica. Sus estudios espirituales empezaron hace cerca de 26 años. Además de recibir instrucción en música, lenguas y voz principalmente, Jaime también cursó la Licenciatura de Historia graduándose con una tesis sobre *Jerusalem* y el Sagrado Templo. Académicamente es un historiador graduado. Su aprendizaje está centrado en textos sagrados esenciales como: los 5 Libros de Moisés, Profetas, Salmos, Zohar y el Libro de la Formación.

Asimismo es un profesional de la voz quien ha intervenido en diferentes Medios como Radio y TV de la ciudad de México. Un comunicador optimista, original, quien desde temprana edad muestra interés por la búsqueda científica espiritual, las letras y las palabras.

En sus escritos publicados su guion preferido y sugerencia constante es mostrar una Historia Espiritual que sirva personalmente para acceder a la paz siempre anhelada, además de promover la tolerancia y la dignidad del actor humano.

Contacto: jaime@bioconciencia.com

Para la elevación del alma de todos aquellos seres cercanos y queridos por nosotros. Recordar con fe.

Pidiendo el consuelo total. Contemplar el saber que continuamente el Creador de todo, nos da lo necesario.

www.ingramcontent.com/pod-product-compliance
Lightning Source LLC
Chambersburg PA
CBHW070447090426
42735CB00012B/2480